# 迈向 Towards

# 财富自由

Freedom of Wealth

王天飞◎著

中国发展出版社
CHINA DEVELOPMENT PRESS

**图书在版编目（CIP）数据**

迈向财富自由 / 王天飞著. —北京：中国发展出版社，2023. 1

ISBN 978-7-5177-1349-4

Ⅰ. ①迈… Ⅱ. ①王… Ⅲ. ①投资—研究 Ⅳ. ①F830.59-49

中国版本图书馆CIP数据核字（2022）第254397号

书　　名：迈向财富自由
著作责任者：王天飞
责 任 编 辑：吴　佳　张　楠
出 版 发 行：中国发展出版社
联 系 地 址：北京经济技术开发区荣华中路22号亦城财富中心1号楼8层（100176）
标 准 书 号：ISBN 978-7-5177-1349-4
经　销　者：各地新华书店
印　刷　者：北京市密东印刷有限公司
开　　本：880mm × 1230mm　1/32
印　　张：6.75
字　　数：170千字
版　　次：2023 年 1 月第 1 版
印　　次：2023 年 1 月第 1 次印刷
定　　价：58.00元
联 系 电 话：（010）68990625　82097226
购 书 热 线：（010）68990682　68990686
网 络 订 购：http://zgfzcbs.tmall.com
网 购 电 话：（010）68990639　88333349
本 社 网 址：http://www.develpress.com
电 子 邮 件：15210957065@163.com

---

谨以此书献给奋斗中的人们

“坚持投资科技创新企业的‘主赛道’，赢得未来10~20年中国经济发展，陪伴伟大企业家，创造伟大企业，分享成长红利。”
—— 王天飞
裕智资本董事长

王天飞幼年时期一家人的珍贵合影

延边大学语文系中文专业八五届毕业纪念

五届毕业纪念 1985.6.24

华东师范大学区域经济学研究生班毕业合影

我们毕业啦

延边大学建校70周年中文系校友合影

2018年中欧国际工商学院校友返校日与校领导合影留念

王天飞中欧国际工商学院毕业留影

王天飞在纽约华尔街

王天飞在华盛顿美国国会大厦广场

王天飞在特拉维夫大学听取科技创新与应用介绍

香港银行公会与新加坡金融管理局培训纪念

德邦创新资本首届班子成员，中间为王天飞

德邦创新资本2014年度年中会议全体员工合影留念

王天飞在德邦创新资本2016年年会上发表讲话

郭广昌在德邦创新资本2016年年会上发表讲话

2016年基金专户子公司发展内部交流会半年峰会合影留念

王天飞与金洲集团原副总裁吴巍平（左一）、湖州银行行长方锋杰合影

延边农村商业银行第三届董事会第二十五次会议参会高管人员合影

王天飞陪同延边农村商业银行周万利董事长考察被投企业

王天飞应邀出席“2019创享+首届跨境创业季暨创新主张大会”并发表主题演讲

王天飞担任中国“互联网+”双创大赛总决赛评委

裕智资本荣获“2019中国私募基金影响力品牌100强”称号

王天飞参加2019年（第三届）中国金融与投资高层论坛颁奖典礼

王天飞被评为“2019中国私募基金年度先锋人物”

中国旅游协会地学旅游分会第一届理事合影

王天飞与中国资产管理行业管理人评价颁奖活动主办方合影留念

王天飞与国际奥委会委员、国际拳击联合会主席吴经国先生合影

王天飞与著名歌唱家蒋大为先生在北京西海国际中心合影

王天飞与北京吉林企业商会会长葛坚先生合影

王天飞与著名京剧表演艺术家史依弘女士（左四）及上海纽约大学校长
童世骏先生（左五）等合影

王天飞与著名金融家、招商银行原行长马蔚华先生合影

裕智资本2019年年度股东会、董事会与会人员合影

裕智资本湄公河旅游项目投资人大会合影留念

# ·序言·

Foreword

这是一本展示中国职业投资人“肖像画”的书，立体展现了一位有着37年金融投融资和财富管理工作经验的战略投资专家的投资理论、投资实践和投资感悟，从中可以窥见一位战略投资专家的思考和行动。通读本书，可以发现投资理财、创造价值、创造财富的逻辑，学到如何思考分析，如何选择评估企业，如何择时投入，如何控制情绪等待忍耐坚守并最终获利回报的真谛，并且能感觉到一位真正的投资者为所投资企业赋能、加持。正如王天飞先生所说，投资就是选择伟大的企业家和伟大的企业，把钱投给它，并长期陪伴、帮助其成长，最终获得企业发展的红利。

本书共分为两部分，即理论篇和实战感悟篇。理论篇部分选编的是王天飞先生的个人代表作品，反映了其作为资深战略投资专家对经济社会、金融投资的深度战略思考，超前的趋势判断和把握，对行业发展和企业价值的深刻理解，对投资本质和财富创造的透彻剖析。如《论建立我国风险投资体系》是20世纪90年代末，王天飞先生在华东师范大学读区域经济学研究生时的毕业论文。他以超前的眼光和思考，最早提出发展科技创新型企业，实施配套金融财税等政策支持和发展中介机构给予市场化服务。他还提出把信托投资公司改造成风险投资金融主体机构的设想和具体措施。可以这么说，在此之前从没有人提出过这样的命题，王天飞先生是第一位提出信托公司转型发展为金融股权投资机构的人，可见其远见卓识。我们知道后来信托公司发展的曲折经历，直到现在信托公司才真正回归资产管理和权益投资的正确轨道。虽然信托公司仍然保留融资功能，但主要还是资产证券化及并购重组等业务。

在《证券二级市场的投资经验与方法探讨》一文中，王天飞先生以其30年的市场投资经验，客观科学、中肯地总结提出了价值投资中长期持有的投资方法、盈利模式和思考维度，并给出了独特的操作方法。对于有一定投资理论和市场经验的投资人，是完全可以分析比较和学习借鉴的。

在《房地产经济日薄西山　科创板引领改革潮流》一文中，王天飞先生以战略投资专家的眼光，从国际国内政治经济形势、宏观经济金融和产业发展趋势出发，系统分析了经济和产业发展周期的变与不变、风险和动能，提出了投资未来和财富管理。此篇文章成文于2018年底，是王天飞先生在杭州裕智鑫旅游壹号股权投资基金投资人大会上的演讲。

《新形势下股权投资的机遇与挑战》是王天飞先生参加“2020中国资产管理武夷峰会”时做的演讲。他从股权投资新形势入手，从注册制改革的影响出发，并结合美国纳斯达克资本市场和硅谷著名企业特斯拉、Space X的成长来说明金融体制改革，特别是资本市场注册制对促进科创企业成长、科技强国的重要影响和重大意义，并指出了股权投资的趋势、财富创造的方向及行业投资的未来。王天飞先生说，如果你在改革开放的1978—1998年这20没有“下海”经商、创业，你就失去了在中国致富的“鸿蒙”时代；如果在1999—2019年这20年没有投资房地产，你的财富一定缩水；如果从2020年开始的20年，你不投资科创企业的股权，即使你再努力，也可能一夜回到解放前。因为，选择比努力更重要！

此篇演讲获得了来自全国各地400多位参会的投资专家、学界人士及嘉宾的高度肯定和赞赏，并被各大媒体和平台转发。也获得了一同参会的特邀演讲嘉宾原银监会[①]主席刘明康先生和重庆原市长黄奇帆先生的高度认可。我们从这些少许的篇章分析中，看到了一位自由投资人的深刻思考、深邃分析和科学实践。

第二部分是王天飞先生的投资实战经典案例介绍及投资感悟。其中，投资实战部分反映了王天飞先生30多年来金融投融资和财富管理工作中的实战经验和结果，是每一位想通过投资理财获得财富的人士最应学习研究的部分，从中可以看出一位战略投资专家价值投资的风采，其中的每一篇都闪耀着智慧的光芒。《第一桶金》介绍了王天飞先生很早就投身资本市场，并能秉持价值投资中长期持有，从中获取超值回报。

《赚了100倍的原始股投资》介绍的是如何选择投资原始股，并坚持长期持有，获得上市变现的经典案例，是一幅由富人变巨富的画像。《一个项目投资的成败得失》分析了同样投资房地产，一个获得巨大成功，一个却惨遭失败的典型案例，可以引起投资人士的深刻思考。《3个典型私募股权投资范例》介绍了裕智资本创建以来具有代表性的三个股权投资项目，反映了其如何选择行业、把握企业、价值投资的经验结果，对于从事股权投资的人士来说不可多得。

投资感悟是王天飞先生30多年来在不同岗位上对投资的分析和思考。对于王天飞先生的投资感悟，读者可以根据自己的认知能力和工作经验去解读，但作为对投资外行的媒体人，我阅读后确实感觉到其中很多真知灼见值得学习借鉴。

在此，我不得不介绍一下王天飞先生本人。王天飞是我大学时高一年级的师兄，我们相识已多年。毕业之后大家各奔东西，好多年没有联系，只是听同学说他毕业之后到了银行系统工作，

① 现为银保监会。

后来又到了浙江。直到前几年，他经常到北京开会或考察企业，才知道他早已不是那个雄心勃勃要当美学教授的中文系才子，而摇身一变成了一个“衣冠楚楚的资本家”。后来每次他来北京，我们都要见上一面，才知道这些年他在投资领域做得有声有色、风生水起，还经常参加各种论坛和峰会，分享他这几十年的丰硕成果。王天飞1962年出生在吉林省双阳县长白山支脉的一个小山村里，是正宗“东北虎”(属虎)，从小就虎性十足。尽管家境贫穷，可他从小就不服输，五六岁开始就帮助父母做农活，由于是家中老大，也要常常照顾弟妹。10岁开始边读书边到生产队劳动挣工分，每天起早贪黑居然能挣整劳力的1/3，那个年代每天能挣毛儿八分也是不小的事。在那艰苦的条件下，他学习抓得也很紧，学习成绩一直名列前茅。1981年成功考取了延边大学中文系，成为中华人民共和国成立以来当地十里八村的第一名大学生。大学毕业后被分配到中国工商银行工作，他又自学了金融课程。十几年银行工作，他做过基层办事员、副科长、金融学院教师、省分行行长秘书、团委书记，也担任过贸易公司、房产公司、租赁公司总经理等职务，后来又在华融资产管理有限公司做了4年部门负责人。2003年，通过公开招聘进入信托公司任副总裁兼华东地区CEO。10年的信托公司业务管理工作，不仅为公司和投资者创造了大量财富，也让他更加透彻地认识了中国经济和金融发展的趋势。2013年，正当信托处在黄金时期，他勇敢地站出来，与复星集团郭广昌、梁信军等合伙成立德邦创新资本有限公司，开启了长达4年的财富管理工作。公司从零做起，4年时间资产管理规模达1000多亿元，一举奠定了他在上海滩私募基金行业的地位。2017年他离开复星集团，创办了自己的公司——裕智资本。

纵观他的经历可以看出，王天飞先生能走到今天，可以归纳其几大特点。

一是性格坚强，不怕困难，勇于接受挑战。在那个年代，有几人能从农村通过考学改变命运的？能考出来的都要经历浴火重生。

二是富有远大理想，并能一步一个脚印、脚踏实地去努力拼搏。一般从农村出来的孩子，毕业后在城里找份工作，结婚生子，成家立业就算完成使命了，有几人能继续奋斗？而他却从北方奋斗到南方，并在市场经济的大潮中锻炼成长，最后又奔向中国特大都市——上海，成为大型金融公司的高管和大型民营企业的合伙人，最后一直到创办自己的企业。这一路上的艰辛恐怕只有他自己才知道。

三是聪明睿智，勤于思考，善于把握时代趋势。从他的工作经历可以看出，他从工商银行到华融资产，再到信托公司、复星集团，最后创办自己的公司，每段工作经历都是在行业发展的黄金阶段，而他跳出来后，该行业就开始走下坡路了，可见他的战略思考能力和分析把握大趋势的睿智。

四是不断学习，勇于实践，挑战自我。他本是学中文的，可毕业后却去了银行工作。隔行如隔山，这个难度相当大。如果他没有坚持不懈地学习，并且不断地总结，很难想象一位中文系毕业的学生能做好金融投融资和财富管理工作。当然后来的经济管理研究生的学习深造也提升了他的持续学习能力。他能成为大型金融机构和大型民营企业的高管，更证明了其具有的不断向上、挑战自我和勇于实践的精神。

五是守正遵道、公平正义。王天飞先生从事金融工作37年，且做金融高管独当一面，在改革开放初期，各种机会诱惑层出不穷，他能够不忘初心，坚守原则和底线，实属不易，从中可见其为人做事守正遵道、公平正义，不走邪路。

综上所述，这本书是一个“草根”逆袭的故事介绍，也是其投资理财技能的一些经验之谈，更是那些想要通过投资理财获得财富的人们的难得指南。我想，对于读者而言，它不是对作者所写金融知识的摄取，而是对个人智识的提升，对认知的改变，对自我和未知领域的探寻。

香港大公文汇传媒集团北京分社社长秦占国

2022年11月21日于北京

# ·目录·

Contents

## 下篇　实战感悟篇

上篇

# 理论篇

# 论建立我国风险投资体系[①]

近来有关风险投资问题已被媒体炒得沸沸扬扬，国家也把风险投资作为一项重要经济政策，相继成立了支持科技创新和科技成果产业化的各类科技风险投资公司。国外一些知名风险投资企业也争相进入中国，创办独资或合资的风险投资公司，以期望从正在进行经济结构调整和产业升级换代的庞大中国市场中，在不断进行科技创新和商品化的大批高科技中小企业中，以及正在用最新科技成果和新工艺进行装备的传统企业的风险投资中获得高额投资回报。这些都为我国建立完整的风险投资体系，促进经济可持续发展，尽快缩小与发达国家相关方面的差距提供了可能。因此有必要适时建立我国的风险投资体系，实施我国的科教兴国战略，促进我国21世纪经济的再度腾飞，使我国的经济社会发展再上新台阶。

## 一、风险投资与风险投资体系

### （一）风险投资与经济发展的关系

21世纪人类将进入知识经济社会，进入信息时代。知识、信息将取代资本成为经济发展最重要、最稀缺的资源。与昔日的资

① 本文系作者2000年6月在华东师范大学区域经济学专业1998级研究生班的毕业论文。

本、劳动力投入推动经济的模式不同，在知识经济时代，知识的创新可以产生巨大的财富，知识和信息的组合能产生巨大的经济效益。其显著特点是“高科技产业的迅速发展和智力经济的发展，使许多传统的以资源大量消耗为主的产业转向依靠知识、依靠技术投入为主的新型产业，这些新型的高科技产业是高知识、低自然资源消耗的产业。不仅如此，人类利用高科技可以不断扩大活动范围，向宇宙空间、海洋世界寻求新的能源；利用材料技术可以制造许多新的材料，满足人类不断发展的需求；利用基因工程技术进行无废料生产，解决人类生存的环境问题”。甚至可以改造生物或创造（培育、克隆）出新的类型的生物。所有这些高科技产业的发展、新产品的开发和市场化，都离不开风险投资的参与，离不开风险资本的投入，离不开风险投资家提供多方服务甚至亲自参加经营管理。有人把风险投资比作高科技产业和产品市场化的孵化器，是经济可持续发展的驱动器。这些都说明风险投资对经济发展有至关重要的作用。

我国的改革开放，使经济发展上了一个大台阶。目前经济已处在一个从粗放经营、注重大量的资金和劳动力等资源投入的量的增长，到需要不断依靠科学发展、科技进步，依靠产业的不断升级和产品科技含量不断提高的质的发展。我们的经济再也不是那种生产什么都卖得出去的短缺经济，而是进入了买方市场，相对消费不足，需要不断创造新需求，不断提升产品档次，不断创新产品，满足多种需求以刺激消费欲望的新时代。随着世界经济一体化，我们又将面对国际市场，难道我们只拿劳动密集型（纺织、服装、玩具等）产品参与国际竞争吗？我国经济的发展、综合国力的提高、国防实力的增强，都有赖于科学的发展、科技的创新，有赖于科技成果产业化、市场化。科技成果产业化、市场化是周期很长、风险很大、不确定因素很多，而一旦成功却收益颇丰的过程。它所需要的不仅是巨大的资金投入，而且还需要投资者承担巨大的风险，并能提供多方面的服务直至参与经营管理。这些远非政府的财政投入所能满足，也与传统的银行贷款的低风险目标完全不同，而是需要一种新的金融体制风险投资来实现，需要建立一个风险投资体系来完成。可见风险投资的创立就是为了促进高科技企业、新型企业、具有市场潜力的企业发展，就是为了在高风险中追求高收益。

风险投资最早起源于美国。这与美国民族气质中敢于冒险和民族文化中追求个性发展及自我实现不无关系。1946年美国研究与开发公司（ARD）的成立，标志着世界上第一家正规的风险投资公司的诞生。几十年来虽经历过衰败和低谷，却也在不断调整、充实并且形成一个完整的风险投资体系，参与风险投资的有个人和家庭，具有合伙关系的私营公司，各类金融机构、小型投资公司和政府投资公司等，目前，在美国有各类不同风险投资公司4000多家，居世界之最，管理着500亿～800亿美元的风险资本。每年为1000多家高科技企业提供资金支持。投资领域遍布几乎所有新兴产业和行业。由于各方面的激励政策不断以及证券市场良好的运作，激起了个人、家庭和机构投资者对风险投资的极大兴趣，风险投资市场规模不断扩展，风险资金大量增加，从而造就了无数高技术企业，使多少微不足道的小企业发展成为今天举世瞩目的跨国公司。风险投资不仅造就了像微软、惠普、英特尔、苹果、雅虎、网景、联邦快递这样世界级企业巨星，也使美国经济创造连续8年高速增长不衰的神话，出现了被称为“非理性繁荣”的经济现象。这无论如何都应引起我们高度重视，认真研究。

### （二）风险投资体系形成

风险投资体系在广义上讲，是指与风险投资活动有着内在联系的各种机构、机制、制度等的总和。狭义上讲，风险投资体系指的就是帮助高科技从“知识”转化为“技术”，再从“技术”转化为“经济”的金融支持体系。

风险投资体系是由不同的风险投资企业构成的。所以，风险投资体系形成的过程，也就是不同风险投资企业创立发展的过程，以及与之相适应的体制、机制、制度、措施的创建和完善过程。

风险投资企业由于资金来源不同，其选择的投资方向和运营机制也不相同，从而构成了一个个不同的风险投资企业，组成了一个金融支持体系。不同风险投资企业的形成，不仅取决于资金来源、可供投资的高新技术企业（项目）、风险企业家和风险投资家等因素，而且还受一个国家或地区经济和社会发展水平、经济管理体制、科学和技术发展程度，甚至民族文化背景等因素的影响。例如，美国的风险投资体系是以民间出资为主的有限合伙公司为主体；欧洲和日本则多是以政府出资和政府主导下的金融机构投资为主的风险投资体系。我国目前以各级政府或政府主管部门出资组建的高科技风险投资公司为主，兼有部分机构投资和外商投资的风险公司。由于受一些政策的约束，我国目前还没能形成个人、家庭及私营企业出资的风险投资企业，出现了风险投资资金不足、活力不够、筹资和投资渠道狭窄、法律和政策不健全、体制和机制不灵活、人才缺乏、观念陈旧、没有退出机制等问题，这是我国风险投资体系形成面临的障碍。

综上所述，一个完备的风险投资体系的形成，首先要有不同特征的风险投资企业，其次要有与之相适应的体制、制度、法规、政策做保障，再次需要有完善的中介服务相配套，最后还要有一个市场化退出机制。

## 二、风险投资体系的建立

建立我国的风险投资体系，发展我国的风险投资事业，既要学习国外好经验、好做法，也要从我国的实际情况出发。国外的风险投资基金多以私募募集机构投资者资金为主，并以有限合伙制建立；而我国的机构投资者尚未得到充分的发展，抗风险能力较弱，数量也有限。但我国个人和家庭都有大量的储蓄，所以完全采用私募很难吸引多方面的风险资金，使风险投资得到迅速发展。采用私募和公募相结合的方式设立风险投资基金会比较好。

在我国目前情况下，政府仍是主导经济的主体，主要投资是通过政府的财政和国家所属的银行来完成的。所以，风险投资主体暂时也必须由政府来承担。当然，风险投资是市场经济行为，随着我国市场经济的发展完善，必须逐渐建立政府与民间风险投资的合理分工，调动起社会各界参与风险投资的积极性，建立起能够吸收民间资本参与的风险投资渠道，和有中国特色的风险投资体系。

### （一）建立以政府出资为主的科技开发银行

为了强化和协调我国目前科技风险投资的职能，有必要组建由财政部门、科技部门、银行共同出资的主要经营科技风险投资的科技开发银行，实行股份制经营管理模式。主要资金来源为财政拨款、科技三项、银行提供的铺底资金，也可吸收各类存款、发行债券及社会赞助等。经营方式可采取贷款、投资、参股、委托放款、发放政府担保款和无息、低息、贴息贷款等多种形式。科技开发银行的主要任务是贯彻国家的产业政策和科技发展规划，统筹协调社会各方面的科技风险投资活动，重点支持高新技术开发和加快其产业化进程。作为政府支持参与投资高科技风险企业的主体，承担起目前我国风险投资主渠道的作用。

为鼓励对高科技企业的风险投资，并保障其安全和利益，政府应该对投资者在高科技投资中的经济风险予以保险，为高科技企业创造良好的风险创业环境。建议（各级）政府成立不同规模的科技风险基金（风险投资担保基金）。资金主要由各级财政拨款并吸收保险公司参加，也可吸收机构投资者和个人、家庭捐款。成熟后可将此基金推向证券市场。

**（二）组建以机构投资者为主的各类风险投资公司**

风险投资公司是有效支持高新技术产业最理想的融资机构。这方面美国的经验值得借鉴。20世纪50年代，以微电子技术、生物技术和材料技术为代表的新技术在美国迅速问世，新技术成果亟须产业化。但由于它的高投入、高风险等因素，银行家为规避贷款风险，不愿向这些新技术企业提供资金支持。此时，一批具有战略眼光、经济头脑和经济实力的个人投资者主动承担投资风险，提供风险资金，支持成立新技术企业，并积极参与企业管理，促进新技术成果转化为市场规模的产品。技术、资金、管理的有机结合，不仅降低了投资的风险，而且使这些新兴的中小型新技术企业得到了迅速的发展，也加快了美国经济和社会的发展。美国政府看到了这一点，于1958年通过了政府的小企业投资法，经批准成立的成千上万家小企业投资公司（由各私人家庭等出资组织的投资机构）成为当时风险资金的主要来源，使美国的风险投资业迅速发展。20世纪60年代和70年代初期，美国风险投资出现了衰退。从70年代末起，由于新技术企业对资本的急切需求，又重新激起了个人、家庭和机构投资者对风险投资的兴趣，整个风险投资规模迅速扩大，资金10倍增长，风险资金出现了高额回报——苹果公司、英特尔公司、微软公司等相继成功。进入20世纪90年代，美国经济持续景气和企业股票上市的热潮再次带动风险投资的发展，风险投资也反过来最大限度地促进了美国经济的可持续发展。综观美国风险投资，资金来源是多元化的，有个人、家庭、具有合伙关系的私营公司、各类金融机构（银行、保险公司、养老基金等）、小型投资公司和政府投资，但以民间资金占主导地位，提供了70%以上的资金。民间资金具有灵活性、运作规范、全身心投入且可追求长远投资效益等特点，因而最适合成为风险投资的资金来源，由此组成的风险投资公司也最具风险投资的特点。目前我国机构有能力或愿意进行风险投资的有三类：一是各类金融机构，主要是银行和保险公司。目前由于面临各种困境，亟须寻找新的投资渠道。二是国有（集体）大中型企业集团（公司）。这些企业资金雄厚，自身也需要高新技术装备。三是大批上市公司。有些高科技上市公司本身就需要不断地科技创新和成果市场化，有些发展困难的上市企业则需要进行资产重组，特别是产业升级和产品技术创新。如果能把以上三类机构（企业）组织起来，政府给予一定的优惠政策，成立风险投资公司，相互支持，必将有利于我国高科技的发展和风险投资体系的形成，带动我国经济腾飞。

### （三）把信托投资公司改造成中小企业投资公司

我国的信托投资业是伴随改革开放发展起来的，然而现在发展却是每况愈下，继中农信、中创被关闭后，拥有资产200多亿元的广信宣告破产，揭开了中国信托整顿的序幕。1998年初国家下发文件，要求年内把全国244家信托公司缩至50多家，完成信托证券分离业务。然而投资者关心的是，总资产6183亿元，占据全国证券经纪业务55%的信托公司一旦退出证券市场，其业务发展将走向何方。

我国信托业务发展的衰败有其体制方面的原因。信托公司除金融机构创办的以外，大多是在各级政府或政府主导下创建的。在业务经营中始终带有浓厚的政府和主管部门干预的特点。其资金来源主要是财政预算外资金和银行专项贷款，以及一部分法人存款。这些资金成本高，利率比银行正常存款高3% ~ 5%，迫使信托放款追求高回报的项目。但由于其管理运作行为不规范，缺乏风险控制，加之外部干预过多，普遍形成高比重的不良资产。加之近年来财政控制了预算外周转金，中央银行取消了专项贷款，使信托投资公司失去了正常的资金来源。国家实施“银信分离”“信证分离”，又将使信托业失去业务发展方向，面临真正的行业危机。在此情况下，要想使信托业能够生存并得到发展，必须寻求突破。我认为，出路之一就是向风险投资公司方向发展。理由如下：

第一，信托业本质是“受人之托，代人理财”。资金来源成本高，使信托业务本身就具有高回报、高风险的性质。而这一特性与风险投资如出一辙。

第二，信托业与证券业业务分离，使信托公司不能再经营证券业务，也就失去了获得较稳定的高额利润回报，一般的贷款、投资很难获得如此高的利润。加之现阶段银行贷款利率很低，信托难以获得好的贷款投资项目，使信托业的风险凸显出来。风险投资所选择的是高新科技领域，是新兴产业，因其新产品、新技术、新工艺而使其附加值极高。虽然就某个企业或项目来讲风险很大、周期较长、难以把握，但就整体而言，由于其所处新兴产业和朝阳行业极具发展前景和投资价值，因而平均下来，投资回报还是很高的。况且个别企业或项目的投资损失还可以通过获得投资成功的企业或项目的极高回报而得以补偿，这一点已为整个风险投资业所证实。这也正是信托业避免高风险的唯一正确选择。

第三，信托从业人员有金融知识和投资经验，如果能再学习技术知识和丰富管理知识，就能较快进入风险投资角色，成为风险投资人才。这也是信托公司向风险投资公司转变的有利条件。

第四，也是最重要的一点，我国正在兴起的大批高科技中小企业，亟须风险投资的介入，亟须风险资金的推动。而且，作为科教兴国政策的一个重要选择，风险投资已被政府认同和选择，因此信托业向风险投资业转化可谓正当其时。

### （四）创办中外合资或独资的风险投资公司

引进国外风险投资资金，借鉴国外风险投资的经营管理经验，是更快更好发展我国风险投资事业的捷径，也是我国高科技企业进入国际金融市场融资，走国际化发展之路的正确选择。目前，国外风险投资公司在国内已有多家独资、合资风险投资企业或分支联络机构在运作，国家科技部火炬中心也已分别与香港汇丰银行、新加坡科技集团合作，共同发起建立了两个风险投资基金，投资国内高新技术企业。已有一些高科技企业成为外国风险投资企业成功运作的范例。如四通利方公司和爱特信科技公司等。在吸收外国风险投资方面，我们的步子还须再大一点。比如可以组建各地方政府、机构投资和个人投资，以及海外资金参加的风险投资基金，也可通过证券市场公开募集风险投资基金，并向外国投资者开放，吸纳其参加。

### （五）培育中国的天使投资

天使投资者是最早的和最有典型特征的风险投资家，但与其他投资家不同的是他们集资金与能力于一身，他们既是投资者，又是管理者；既是普通合伙人，又是有限合伙人。在美国这些被称为天使投资者的个人资产一般在500万美元左右，倾向于对初创时期的企业提供融资。为了最大限度地降低风险，他们常常像猎人一样细心地搜寻目标，以期从表面上徒具热情的企业群体中发掘出耀眼的明星。天使投资者不断寻找具有非凡的品质、开阔的视野和丰富的经验的创业者。

那么，目前情况下我国能否培养出天使投资者呢？我认为是可以的。一是改革开放后的前20年，已有一大批人先富起来了，成为中产阶层，其中包含高级知识分子、企业经营者、三资企业中方中高级经理以及一些专门人士。他们手中有钱，而我们目前的投资渠道却非常狭窄。二是这些高级知识分子或企业经营者中，有的懂技术，有的会管理，其中有一部分人两者兼有，极具天使投资者特点。三是我国上市的高新技术企业中，一大批高级工程技术人员和经营管理者也富裕，他们不仅有钱，而且年轻，观念也新，富有创新和冒险精神，有成就感，也可能成为天使投资者。事实上，我国民营高科技企业很多都是上述这批人创建起来的，他们已是我国最早的天使投资者。只不过人数还不多，还需要不断地培养和锻炼，而且需要在政策上给予支持。

## 三、可供选择的主要投资产业

人类正步入知识经济时代。知识经济的主要特征如下：一是科学和技术的研究开发日益成为经济的基础，二是信息和通信技术在知识经济发展过程中处于中心地位，三是第三产业的比重将不断上升，四是人力的素质和技能成为知识经济实现的先决条件。根据知识经济的特点并结合我国的实际情况，我们应选择信息通信和计算机产业，生物工程技术产业，新材料、新能源技术产业作为风险投资优先支持发展的重点。

### （一）信息通信和计算机产业

信息技术是高科技领域的先导，对所有科技领域都有极其重要的作用。它将使整个社会的生产方式、生活方式乃至思想观念和行为方式发生根本性的变化，成为21世纪推动各国生产力现代化进程的决定因素。

我国作为发展中的大国，在信息技术领域应占有一席之地。在这方面，我国政府也非常重视，成立了一些国家重点实验室和科研所，并取得了一些重大突破。如北京正负电子对撞机，中科院计算机研究所开发的大功率超级计算机，我国载人航天飞船成功发射并顺利返回等都说明我国在信息、通信、数控、计算等领域已接近或达到世界先进水平。这些技术的应用将对民用和军事带来极大的好处。另外，我国在民用计算机及软件开发，在以光纤通信为主体，卫星通信、无线电通信为辅助的智能化、综合化、宽带化综合业务数字通信网络技术开发方面也投入了大量的人力、物力和财力。因此，风险投资在这方面大有可为。

### （二）生物工程技术产业

我国生物制药起步较晚，但发展速度令人瞩目。迄今已有15个生物工程药品或疫苗获准投放市场，如重组乙肝疫苗、干扰素、白细胞介素、红细胞生长素等，还有几十个品种正处于不同的研制与开发阶段。从事开发研究的单位几百家，科技人员达5万多人。据估计，我国在生物制药研究开发领域的“上游技术”仅比国际最先进水平落后3 ～ 5年，但“下游技术”却落后15年以上，这说明我国对生物制药产业的资金投入不足。我国上市公司中生物制药板块的企业经营业绩明显高于化学制药、中药和综合板块。据业内专家讲，我国在生物制药方面最有可能赶超美国。只要政府政策到位，资金投入足，就一定能获得成功。可见在这方面风险投资是可以发挥作用的。

在转基因植物方面，我国科学家在水稻、棉花等农作物种养及抗病虫防寒冻等方面走在世界前列。在转基因动物方面，我国培养出了转基因牛、瘦肉型猪、转基因鲫鱼，并培育出体内含有珍贵的血清蛋白的山羊。

在生物环保方面，运用生物技术治理环境污染具有巨大的潜力，如用植物或酶处理污水，用微生物治理工业污染，开发微生物肥料、农药，以减少污染等，都需要风险投资的积极参与和推动。

### （三）新材料、新能源技术产业

我国在纳米技术、复合材料、合金材料、新型陶瓷等方面的研究都有所突破。在太阳能开发、核能利用、风能技术等方面都获得了成功。

此外，我国在太空技术、环保领域都有较大发展，而且潜力也是巨大的。风险投资在这些方面具有极大的经济利益。只要找准突破口，善于经营管理，成果市场化程度高，就一定能成功。

## 四、改革金融体制、形成风险资本市场，开拓风险资本来源

金融体制改革是个大课题，我们这里主要探讨如何形成风险资本市场，开拓风险资本来源问题。

### （一）吸收保险资金参与风险投资

根据对国外风险资本来源的考察，欧美等发达国家，保险资金和企业年金是风险资本的主要来源。从发达国家保险业发展的经验来看只要赔付率达85%，保险公司就可能出现亏损。但美国

保险业的赔付率高达100%，却还能生存和发展，其奥妙就是靠多元化投资和巨额的投资收益。巨额的投资收益主要来源于对高新技术产业的风险投资。

我国的保险法规定保险公司只能将保险资金用于银行存款和有关债券的买卖交易，而现阶段银行存款利息明显低于保险资金应付的利息，可见对保险资金运用的限制其消极作用是明显的。拓宽保险资金运用的渠道，特别是将其运用到高新技术产业风险投资上，既合乎知识经济时代的潮流，又能提高保险公司的盈利能力和国际竞争能力；既解决了保险公司利差倒挂问题，又有助于解决高新技术产业发展的资金瓶颈问题。保险资金属于长期负债，它能以战略投资者的身份进入风险资本市场。但目前限于人才和投资机制等方面的原因，保险资金应以间接进入——设立风险投资基金为创业投资提供保险的方式，委托专门基金管理公司来运作，待以后条件成熟再直接投资。

### （二）将银行部分业务引入风险投资业

我国银行对高新技术企业的贷款早已有之。如早期的科技开发贷款和小额设备贷款等。这两项贷款时间较长，数额不大。现在银行对比较上规模的高科技企业贷款不仅利率上有优惠政策，而且还能核定规模，长期使用，数额也比较大。这些贷款对企业来说虽好，但毕竟是负债，是要定期还本付息的。而高新技术企业特别是中小高新技术企业所需要的是风险共担的权益资本，这不仅由于权益资本可以长期伴随风险企业一道成长，而且风险企业也可以更多地从长远考虑自身的发展，而不必过多地考虑如何偿债。对于银行来讲，这些贷款不仅利率低（实行优惠利率），而且周期长，也具有一定的风险。不如将这些高科技贷款业务来个转化，将这些信贷资金按一定比例划出来，单独或与政府及投资机构一道成立风险投资基金或科技投资银行，完成风险投资业务，并按风险投资经营运作的要求成立专门机构，培训人才进行专项操作。这样既可以解决风险投资的资本来源不足，又可以解决银行高科技企业贷款回报低、有一定风险的问题，这方面欧洲一些大的商业银行已探索出一条路子，可以学习和借鉴。

### （三）建立高科技企业第二板市场，形成风险投资退出机制

设立高科技企业第二板市场，为风险投资提供“出口”和回报实现机制，既能促进高科技投资的良性循环，又能提高风险资本的流动性和使用效率。高科技企业在达到一定标准后在第二板发行股票上市，也是由非上市公司改造成公众公司的过程，将促进这些企业在各方面全方位地接受社会监督，不断提高自身素质。

## 五、其他配套政策、措施

我们知道，风险投资体系不仅是指促进高新技术企业产业化、市场化的金融支持体系，而且还指与风险投资活动有内在联系的各种体制、机制、制度、政策和措施。根据国外风险投资的经验，以下是建立风险投资体系必须具备的政策和措施。

### （一）优惠的税收政策

鼓励风险投资，培育科技风险市场，需要国家从政策和税收环节上给予优惠，需对两类企业实行税收优惠：一是高新技术企业，二是风险投资企业。

### （二）优惠的信贷政策

西方国家对风险投资企业普遍实行优惠的信贷政策。这些优

惠的贷款一方面来自国家财政或政府其他资金，另一方面来自国家银行，它们往往比正常贷款时间长、利率低。我国也应该专门设置科技投资银行，专门为风险投资公司提供优惠的贷款支持，以解决高科技企业科研和生产发展资金不足的问题。

### （三）健全相关的法律、条例

目前，我国还没有风险投资筹资、运作、管理等方面的法律。另外还需要有一部外国风险投资方面的法规和与风险投资相关的法规条例以及退出机制等方面的规章制度。这些都是建立风险投资体系所不可缺少的。

### （四）健全完善的中介服务机构

高科技企业是以知识等无形资产为主的企业，风险投资公司对其投资运作过程也是非常复杂的，是跨越科技和金融两大领域的投资活动。因而整个运作过程始终伴随评估、审计、审核、市场分析、利润预测、法律服务、信息咨询等过程。在西方发达国家都有独立完备的中介服务机构和中介服务人员，如律师、会计师、评估师、审计师、核算师、财务顾问等。这些独立的中介机构的服务，使整个运作更加透明、公开、准确、可靠、规范。在建立我国的风险投资体系中，相信也需要这些完善的中介机构的服务。

### （五）建立完善的技术产权交易制度

目前风险投资的筹资渠道逐渐拓宽，风险资金充足起来，体制和制度也得以完善。现在的问题是很多风险投资家不懂技术，不知道哪些技术属高新技术，以及能否形成商品化、市场化。这就需要建立起技术产权交易市场，并建立起国际高新技术信息交流中心，使风险投资家获得足够的信息，并能够有所选择。

总之，建立我国的风险投资体系，短期看还必须以国家投资组建的风险投资企业为主体，但这种企业投资和运作应有一种机制，能够使投资的效益与直接运作者的利益挂钩。长远看，国家对风险投资的支持应主要表现在制定适应的政策和法规上，使风险投资体系建筑在以民间投资为主的大批民营、股份制风险投资公司建立的基础上。同时，还应吸收外国风险资金，投资组建起各类风险投资公司或风险投资基金，并相应完善各中介服务机构和法律保障制度及相应的配套政策，使我们不仅在机构上建立起完整的风险投资金融体系，而且在体制、机制、制度上完善这一体系。

# 房地产经济日薄西山<br>科创板引领改革潮流①

2018年，中国经济惨淡经营，持续探底；居民财富不断缩水，房地产涨幅回落，二手房价格下降，资本市场整体探底，全年大幅下跌26.47%；中小企业破产死亡、僵尸企业大量出现，居民、企业和地方政府债务爆棚……经济形势复杂多变，挑战颇多；向死而生，先破后立，高端制造业、文旅产业等朝阳产业迎来新的发展机遇；2019年也注定是挑战与机遇并存的一年，具体该如何研判2019年呢？我想从以下4个层次来梳理。

## 一、变与不变

洞察国际政治经济形势，熟谙国家宏观经济金融政策，了解经济社会发展变与不变的内在机理，才能把握微观发展的正确方向。

特朗普上台后，实行“全球收缩，美国优先”的经济政策，对内通过减税和加息等政策措施来推动制造业回流，对外通过惩罚性关税和设置技术壁垒保护本国产业。除经济政策外，特朗普宣

① 本文系作者2019年3月在杭州裕智鑫旅游壹号股权投资基金投资人大会上的演讲。

布美国退出《巴黎气候保护协定》《跨太平洋战略伙伴协议》等国际重要协议，且不断挑起国家之间的矛盾。以特朗普上台为标志，世界进入反全球化时代，贸易保护、关税壁垒、投资限制等加剧，国际化经济分工与合作倒退。

中国经济在持续了近30年高速增长之后，2018年中国GDP增长6.6%，创28年来新低。中国经济出现了明显的产能过剩、能源和资源短缺、环境污染严重、整体效率下降、劳动力等要素价格不断攀升等问题，中国经济迫切需要转型升级。党的十九大前，中央制定了经济发展的大政方针：实行供给侧结构改革，转变增长方式和增长动能，从快速发展向高质量发展转变，经济进入新常态。进而更具体地提出了“三去一降一补”：去产能、去库存、去杠杆，降成本，补短板。经过一年多的实践，新经济的曙光已经初现，经济变好的内在机理正在孕育，内功正在形成之中……

2018年四季度以来，国家对宏观经济金融政策实行微调。主要是加大金融对实体经济，特别是小微企业和民营经济的支持，增加信贷投放（2019年1月新增贷款3.23万亿元，同比增长13.4个百分点），减费降税（3月的政府工作报告指出将制造业等行业现行16%的增值税税率降至13%）；召开了首届进口博览会，创设科创板；加大基础设施投资力度，“十三五”期间，交通运输总投资规模将达到15万亿元，2019年铁路、公路、水利等新增投资8000亿元；为困难企业纾困，对股权质押风险进行化解，对上市企业抵质押股票免于平仓；扩大自贸区试点和加快海南省自贸港建设等措施。这一切已经在年后的资本市场上得到反映，为经济向好创造了内生条件。

## 二、风险与动能

要把握经济发展的方向，首先要了解经济发展的风险所在和潜在的发展动能。

### （一）风险

1. 房地产风险

房地产是中国经济最大也是首要的风险，而且在没有找到替代这个拉动经济增长和提供政府最大税收来源的其他产业之前，房地产的风险会持续存在。

为应对房地产风险，中央和各级政府出台了限价、限购、限贷、租售同权等一系列措施，风险初步得到控制或缓解。国家统计局最新公布的70个大中城市新建商品住宅销售价格指数显示，在过去的5个月房价整体涨幅回落，而且自2018年下半年以来，香港、深圳、厦门等城市还出现了房价下降趋势，主要城市二手房交易量和价格双下降。

房地产主要风险表现在：

（1）存量过大，供大于求，也就是产能过剩。据西南财经大学统计公布的数据显示：2017年，全国城市住房空置率达22%以上，而且还不包括房产商手中未售的房子。

（2）办公楼和商业地产出现出租率下降，租金增长乏力，空置率提高的现象。据知名房产顾问公司世邦魏理仕跟踪全国17个城市统计，过去几年，由于经济下滑和供应量增加，跟踪的17个城市2019年空置率平均将超过20%。

（3）整体房价偏高，超过居民正常承受范围，遏制了刚需，大量占用了居民流动资金，也使一些居民个人负债不断提高。据统计，我国居民资产（财富）的70%以上为不动产，而世界平均只有30%左右。大量资金进入到房地产行业，限制了居民的其他消费，不利于经济健康发展。中国的一线城市（广州除外）和很多沿海城市及省会城市的商品房价格与居民家庭收入比，已经远远高于世界主要发达国家城市水平。在东京、多伦多，花300万～500万元，可以买到100平方米以上拎包入住的公寓。

世界著名评级机构穆迪公司所覆盖的中国房地产企业中，80%以上的评级是“垃圾”级，并预测中国的住宅销售2019年将出现明显萎缩。顺便说下，日本在20世纪80年代末，出现房地产泡沫破裂。30年间住房空置率一直在20%左右，居高不下的主要原因是日本出生率低，人口少子化和老龄化。

2. 居民、企业和地方政府过度负债的违约风险

中国人历来以节俭为本，并且崇尚储蓄（存钱），所以中国是世界上储蓄率最高的国家。然而，随着“90后”“00后”成为消费主体，他们的人生观、消费观与年长者有了很大变化，出现了超前消费和负债消费，加之近年快速发展的小额贷、P2P等新金融企业的助推，特别是一部分人投资房地产、炒股、炒外汇、炒金、炒期货、投资办厂等。过度的杠杆投资甚至投机，在经济下行和房价、股价等下跌时出现了熔断和债务链断裂，致使家庭破产，社会动荡。

据统计，目前中国居民负债率已经达50%，企业的过度过快发展和盲目投资造成企业负债率不断上升，2017年末规模以上工业企业资产负债率为55.5%。一些企业现金流短缺，流动性严重不足，去杠杆成为压死骆驼的最后一根稻草，去年中小企业死于过度负债的有几千家。据测算，2017年全国地方政府债务总额高达54.9884万亿元，债务水平极高，隐性债务严重。如果房地产市场持续不景气，土地税收来源不足，极易造成偿债不足。2018年很

多地方政府平台公司违约，到期债务不能兑付（当然民营企业到期债务违约的更多）。因此，在投资民营企业和政府平台公司债时须慎之又慎。

3. 银行不良贷款增加和一些大型类金融机构及新型非银行金融机构非法募集使用资金，可能造成系统性金融风险和社会动荡

银行贷款很多是用房地产和上市公司股票抵质押的，随着房地产估值下降，价格下跌，及去年二级市场走低，股价下跌，银行不良资产增速很快，2018年末银行不良贷款率达1.89%，必须加大处置力度。一些金融类集团如明天系、安邦系、海航系、复星系等，这些动则几千亿、上万亿元的类金融集团，其运营方式复杂，资本运作和负债很难管理和评估。如果任其发展而不制定切实可行的管理办法，一旦出现问题影响极大，对稳定社会和人心造成不利的影响。最近出现的P2P等平台公司，非法吸存现象严重，很多老百姓上当受骗，血本无归，而这些公司也人去楼空，卷款而逃。

4. 实体经济和制造业面临较大风险

最近几年，随着中国人口红利的不断衰退，人力成本、土地成本的不断提升，中国制造业企业陷入了一个进退维谷的境地。一方面，中国制造业长期以来对于低成本劳动力、低成本资源、低成本土地的严重依赖，导致了我们的技术附加值和产业附加值相当低，一直处于微笑曲线的低端；另一方面，正是这种依赖，导致了中国制造业企业的利润极为微薄，任何一个小小的风吹草动就有可能让制造业企业陷入困境。仅环保这一重压，就已经使得大批的纺织业、化工企业、建筑陶瓷等企业破产关停。有业内人士直言未来10~15年传统制造业的痛苦将远超今天想象的论断，不无道理。

5. 其他风险

中美贸易摩擦，世界经济整体下滑，私人和民企投资不足和资金外流等。

（二）措施

讲了这么多风险，下面谈谈措施。

1. 科学规划，整体布局，实现城乡、城市与城市协同发展

编制和规划粤港澳大湾区，实现湾区城市相互支持，各具特色，协同可持续发展。港珠澳大桥一通，香港、深圳过热的房价就降了下来，珠海等城市低房价就上升，一小时都市圈增加了人们选择生活居住的空间，人们可以不再拥挤在大城市。同样，长三角一体化、京津冀协同发展等都会改变传统的生活居住空间。雄安新区的设立和北京市级机构搬迁至通州，以及北京去非首都功能，北京的房价很难再涨了，而相对落后的雄安和北京周边地区经济会发展起来，房价也会上涨。在中部西部地区，国家也进行了城市群规划。这样既扩大了生存生活空间，也增加了发展的动能。

2. 实施新农村建设，加大农村土地规划制度改革和投入，促进城乡协同发展

农村土地三权分离，促进小城镇和美丽乡村建设，使很多进城的农民工返乡创业，搞起了吃、住、游、乐、购、养等休闲旅游度假养老产业，吸引了大量城里人往乡下跑，乡村的民居民宿也发展起来。

3. 长租公寓，提供更多选择

租售同权使很多一、二线城市发展起长租公寓，很多人不再愿意花大钱去买房而选择租住公寓。

4.“一带一路”倡议，互惠共利

“一带一路”倡议不仅使我们帮助了其他国家，也使我们去产能有了落脚点，而且扩大了国际贸易渠道，带动经济增长。同时，加大改革开放力度，放宽投资领域和投资限制，吸引外资的同时也不断加大对外投资，实现资源全球配置。

5.加大去杠杆，降负债，防范金融风险的力度和措施

一年多来，各级政府和金融监管部门加大对影子银行和新型非银行金融机构的监管力度，对金融机构的表外业务进行规范管理，促进金融支持实体经济和小微企业、民营经济力度；银行及信托等机构的缩表，大大压缩了金融企业的隐性杠杆，使杠杆透明可控；加大对资本市场特别是二级市场配资的监管，使个人和机构高杠杆炒股得到了控制；加大对房地产企业融资控制和住房按揭贷款管理，使杠杆投资炒房得到了抑制；高杠杆企业融资受到限制。这一切都有效防范和化解了金融风险。随着深化金融供给侧结构性改革，多层次、多渠道的金融服务和丰富的金融产品必将不断满足居民、企业和社会需求，孕育经济发展的新动能。

## 三、投资未来

未来10 ~ 20年，中国经济增长的合理区间平均在4% ~ 5%，按照此增速，2030—2035年，中国就会跃升为第一大经济体。从今年开始，高科技企业和创新型经济将崭露头角，经济发展新动能将出现。我们要做好投资准备。

《中国制造2025》为我国经济转型发展、创新升级指明了方向，科创板的创立和试行注册制，为资本市场改革发展树立了风向标，

也为培育我国有自主知识产权和核心技术的科创企业增添了动能。

**（一）中国资本市场将长期向好，股市或迎来长牛走势**

自2015年熔断以来，中国股市一直处于熊市，其间反复震荡筑底。2018年更是下探至2440.91点（上证指数）和7084.44点（深证成指），总体来看2018年股市属于超跌状态。2019年，是农历猪年，猪与人们生活息息相关，猪也是我国人民非常喜欢的动物，大家看看年初以来中国的股市，我感到不似猪更像是牛，是奋力向前的公牛。

股市回暖，得益于下述措施：

宏观经济金融政策的调整，特别是对小微企业和民营经济加大了支持力度，提振了市场对经济的预期；

监管政策的改善宽松，特别是营商环境的净化、公开、透明、可预期，使人们吃了颗定心丸，投资和经营热情得到了恢复。

加大了改革开放力度，沪港通、深港通、沪伦通、沪纽通等，必将使我国资本市场与国际接轨，吸收大量外资进入市场。最近国际指数编制商明晟公司（MSCI）将中国上市股票在MSCI新兴市场指数占比由5%提高到20%，也将吸引更多外资流向我国资本市场。

科创板的设立和试点注册制，将为真正的科技型企业和创新型企业创造无限的发展空间，提供市场化估值定位和长期资本培育。

很多人不理解，已经有了中小板、创业板，为什么还要有科创板？其实科创板主要是解决同股不同权等制度限制和科技型企业需要长期资金培育成长的问题，也就是亏损科技企业的上市问题。像阿里巴巴、腾讯、百度等这样的高成长型科技创新企业在原来的沪深市场是无法上市的，所以国内的老百姓也享受不到它们高速发展的红利，而科创板就是解决这些根本性问题，将真正有自主知识产权、核心技术、核心产品、创新业务模式等的科创企业通过资本市场培育、扶持发展起来。注册制则是资本市场市场化改革、与国际接轨的根本性尝试，将使企业承销、上市、交易、信披、退市等更加市场化、规范化、法制化、透明化，必将有利于资本市场长期健康稳定发展。

可以说科创板和注册制是中国资本市场改革发展的革命性举措，也是促进中国经济创新发展的“灵丹妙药”。

### （二）经济转型升级将推动新型高端制造业持续发展

1. 以5G为代表的信息通信及相关产业将加速发展

我国已经开始5G基站和网络布局，华为等5G手机也已经推出，带动了一系列相关企业的发展。

2. 以生物制药为代表的生命科学医疗健康产业将高速发展

基因检测和人类基因编辑，造血干细胞合成，癌症的靶向治疗和各类治癌新药，以及克隆技术等都具有长久的发展前景，是投资者必须关注的方向。

消灭天花、脊髓灰质炎、疟疾、肺结核，以及艾滋病、癌症、帕金森综合征等疾病，健康快乐生活是人类的共同愿景；新的智能医疗设备，如手术设备、医检设备、人体器官替代产品等，都为治疗和消除人类各种疾病带来了可能，使人类更健康长寿。

3. 人工智能机器人发展空间巨大

信息技术和半导体技术的发展，智能芯片的成熟，为各领域智能化设计生产和机器人操作提供了广阔的空间和舞台。软件开发等也都有无限发展前景。

4. 节能环保产业作为新兴朝阳产业，政策支持力度大，前景广阔

随着环保督察常态化、各领域环境治理精细化，节能环保产

业投资机遇明朗。根据“十三五”规划确定的目标：到2020年，节能环保产业快速发展，质量效益显著提高，高效节能环保产品市场占有率明显提高，节能环保产业成为国民经济的一大支柱产业。

5. 互联网快速普及渗透，前沿领域蓬勃发展

随着移动互联网技术的发展，各式各样的互联网产品及工具的出现，改变了用户办公、娱乐的方式。智能手机的渗透让用户可以随时使用移动互联网，移动互联网应用的使用频率提升，带动了网络游戏、视频、VR/AR、人工智能及区块链等多个领域的快速发展。

**（三）现代服务业前景广阔**

借助有名的“微笑曲线”理论给现代服务业做一个界定：“微笑曲线”的左端是研发、设计，右端是营销、售后服务，左右两端都属于分化出来的现代服务行业。为更进一步地区分，我们借鉴中投顾问发布的《2016—2020年中国现代服务业深度调研及投资前景预测报告》将其分为消费性服务业、生产性服务业，分开论述其发展前景。

消费性服务业将迎来黄金发展期。原因有四：第一，中产阶级崛起，消费能力提升。根据胡润研究院与金原投资集团联合发布《2018中国新中产圈层白皮书》，截至2018年8月，中国大陆中产家庭数量已达3320万户，其中新中产1000万户以上，中产阶级不断崛起，消费能力不断得以提升。第二，我国老龄化加剧，养老市场相关需求快速爆发。第三，现代人生活观念的转变，健康需求的增长带动体育、健身、美容、医疗服务等产业需求增长。第四，“90后”“00后”崛起，给新兴消费带来巨大提升，如娱乐体

育等。

产业结构升级必将使生产性服务业加速崛起。中国制造业从粗放成长期进入成熟期，发展生产性服务业必将加速从“微笑曲线”的中间过渡到两端，从制造环节过渡到研发设计、销售流通环节。制造升级和信息消费相关的智能物流、节能环保服务、检验检测等有望受益。

**（四）文旅产业**

文化旅游是满足新时代人民美好生活需求的新天地。文旅产业在当今政策支持、高铁加密、休闲度假游需求提升的背景下，必将有望继续稳步发展。

文旅产业的发展需要“吃、住、行、游、购、娱”六要素来支撑，同时带动相关产业发展。这六要素，分别代表着6个以上的产业:“吃”是餐饮业、农业;“住”是酒店旅馆业，还有民居民宿;“行”代表的是航空业、公路铁路交通业;“游”支撑的产业有物质文化遗产和非物质文化遗产，以及农业、林业、牧业、海洋业等;“购”是商业;“娱”是文化产业的诸多门类。这说明文旅产业是一个典型的主导产业，它的发展将拉动6个以上的产业发展，这也是人们常说的“文旅+”的概念。

未来我国文旅产业大有可为，且会呈现五大发展趋势：

1. 从以景区为重转向旅游目的地建设

现代的文化旅游已呈现无景点化趋势，游客从景点游向全域旅游转变。

2.“文旅+”的不断融合，将产生更丰富的新型业态

国外一些新型业态如主题游乐、航空运动、露营地等不断引进国内，促进了文旅产业的多元化发展。

3. 文化旅游产业进一步细分

文旅产业将告别粗放式大杂烩发展路线，细化为主题公园、红色旅游、影视旅游、节庆旅游等。

4. 国外文旅巨头进入中国，主题乐园市场格局发生变化

迪士尼乐园、环球影城、六旗游乐园、乐高乐园等国外主题乐园会进入国内市场，与国内已有品牌竞争，将会形成以区域性甚至地方性市场为主的垂直分工，各有各的市场，整体呈现合作模式多样化的情况。

5. 文化旅游小镇受到追捧

随着特色小镇国家政策的推进落实，以文旅为主的小镇将迎来一个快速增长期。例如，皇城相府、福建土楼、安徽西递、古北水镇等。

**（五）现代农业**

我国农业发展面临诸多矛盾，如人口与资源矛盾，现代化农业发展与传统农业技术占绝对优势的矛盾，资金短缺与农业现代化建设投资需求的矛盾，开发利用资源与生态环境恶化的矛盾，人口数量与人口质量的矛盾，规模经营与分散经营的矛盾等，亟须步入农业现代化道路。目前，上述矛盾在江浙沿海、东北等平原地区有了一定的缓解，部分地域农业现代化已经取得了一定的成就，但与日本、荷兰等国家和地区相比仍旧差距较大，先进国家和地区的经验值得借鉴。

日本实现农业现代化的路径有4条。一是通过培育良种提高农产品品质。日本将农作物品种的优化改良作为重要抓手，不仅对本国原产的作物品种进行改良升级，也对从别国引进的农作物品种进行改良优化。二是通过土地改革实现农业内部积累，如日本通过土地赎买，使土地资本转变成工商业资本，从而推动农业化、工业化与社会协同发展。三是通过工业反哺农业助推农业现代化。

其一，增加政府对农业生产领域的投入，尤其注重农村教育和农业科技水平提升；其二，加大城市高度发达的机械装备技术在农业中的运用。四是通过组建农协提升农民的组织化程度。农协是日本农民自主、自助、自治的重要经济组织，农协为农业生产者提供各种涉农服务和指导，帮助他们降低农业生产成本，提升农业生产力水平。

荷兰农业现代化发展模式为“三螺旋合作模式”+五大经营模式。“三螺旋合作模式”是集结了政府、企业与高校三方力量的合作模式。政府在其中发挥了两大重要的作用：大力投资教育，提高农业从业人员的技术和科研水平；将先进的农业知识和技能输送给农民，促进农业生产力的不断提升。五大经营模式分别为：①温室农业。依托玻璃温室技术，大力发展设施农业，突破土地资源有限且光照不足的限制。②无土栽培。采用先进的栽培技术以及配套现代化的硬件设备，以提高单位面积的产量。③生物防控和大数据结合。荷兰的设施农业中，生物防控以及天敌的应用非常普遍，比例基本在60%~80%。④合作社。种苗、种植、服务组织、收购、分拣、销售等，都有对应的环节，各环节分工明确，却又紧密协作。⑤分销模式。采用拍卖方式、农民合作社集体议价、成立一体化集团进行内部收购是荷兰农产品分销的主要模式。

## 四、财富管理

理财和投资是硬币的两面。一般会理财的人，比较懂投资，也具有金融市场和不同金融产品的投资经验，会理财是财富管理的前提。对于一般中产阶层来说，理财最重要的是做好规划和选好财务顾问。中产阶层都有自己的事业，而且还很成功，需要对自己的财产进行规划和打理，需要理财专家根据其和其家庭、家族成员的生活需要做好规划和投资设计。

按国际成熟经济体理财惯例，一般财富管理是3个30%加一个10%。第一个30%是房屋、土地等不动产投资，这主要是在满足自己和家庭/家族居住、度假、生产经营需要的情况下，出租或分享增值红利；第二个30%是股权等权益类投资，一般主要是二级市场股票投资或有长期增长潜质的企业股权投资，分享其成长的红利（分红派息、送股派股等）；第三个30%是现金或现金等价物投资，如银行存款、国债、保险等易于变现、方便使用的投资。另外的10%可以用来进行海外投资或购买古董、字画、珠宝、黄金、外汇等。

如果事业做得更大，企业也可以设立家族基金，聘请理财顾问独立管理运作。我国香港和欧美日等发达经济体，企业会设立家族信托来经营管理这部分财产，而且法律法规也明确这部分财产的独立性，它不因企业破产、倒闭或管理人破产而受到清算，并且还有配套的税务优惠条件等，鼓励设立家族信托。

财富管理主要是为了下一代、自己养老或公益，它是一项独立的事业，必须请专业人士独立进行管理运营。我们很多民营企业，经常把理财和自己企业运营管理混搭，遇到需要就抽回资金甚至帮助自己的企业扩大融资投资，成为其加杠杆的一个小仓库，这不仅风险很高，一旦遇到经济金融危机企业破产倒闭或关停等，自己和家庭甚至整个家族都失去了生活来源，得不偿失，而且与设立家族基金的初衷背道而驰。为了避免这种情况，必须进行法律约束，签订财富管理合同，使其真正具有独立性。

怎么聘请财务顾问呢？一般情况是找长期从事理财的专业人士或机构，有比较好的历史记录，自身也非常成功。同时，性格、人品、学识等都要考察。历史上一些大家族找家族管家也是这样全面考核的。财富管家一般年龄要适中，不能太大，也不能太小，太小经验不足，太大力不从心。但海外一些知名财富管理人，如沃伦·巴菲特、乔治·索罗斯、查理·芒格、吉姆·罗杰斯等年龄都偏大些。

2019年是新经济的元年，是财富管理的好年头，祝大家财运亨通，赚得盆满钵满！

# 注册制背景下的股权投资与科技创新[①]

近来，国际国内形势的发展，再次让科技站上了风口浪尖。国际方面，贸易摩擦升级、美国对中国的科技企业围追堵截，华为等企业被纳入限制名单，科技竞争进入白热化；国内方面，全面狠抓科技创新，政策不断加持，其中意义重大的举措有创设科创板和推行注册制，科创板已经于本月13日正式开板。

科创板和注册制的推出是科技创新型企业和股权投资机构的福音，有利于形成创新型企业在一级市场获得风险投资、资本在二级市场顺利退出的良性循环。与此同时，科创板、注册制也对股权投资带来新的挑战，股权投资能否与科创板紧密配合造就“中国的纳斯达克”，值得期待。

## 一、科创企业股权投资痛点

区别于传统企业，科创企业存在其特定的成长痛点，具体表现为：科创企业所处行业和业务具有研发投入规模大、盈利周期长、技术迭代快、风险高、轻资产等特点，难以适应传统的融资渠道，故融资困难；科创企业往往专注于技术本身而在技术的市

① 本文系作者2019年6月6日在阿里巴巴杭州未来科技城应邀出席“2019创享+首届跨境创业季暨创新主张大会”上的演讲。

场化应用能力上有所欠缺；科创企业在创业前期着重解决生存问题而忽略经营，因而导致经营欠规范。

科创企业成长的痛点，需要专业的风险投资（VC）、私募股权投资（PE）等机构以及资本市场的配合予以解决，这方面的标杆是硅谷风投和纳斯达克的配合。

以硅谷风投孵化，纳斯达克上市的苹果公司为例（见图1）。

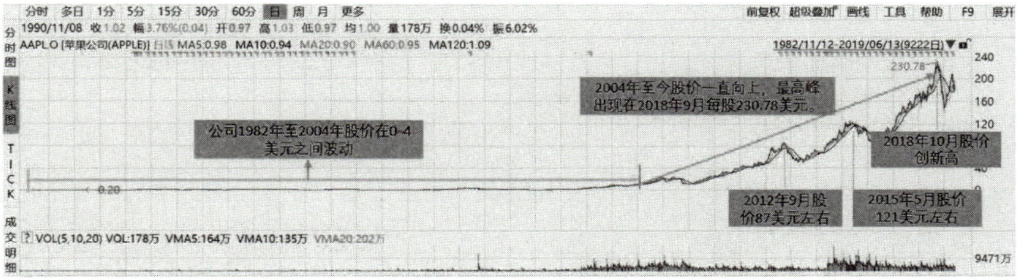


图1　苹果公司上市后股价表现

资料来源：同花顺

创立初期，资金严重不足。苹果公司于1976年4月1日由乔布斯、沃兹尼亚克、韦恩三人创立，公司的启动资金为1250美元，成立的第12天，韦恩因公司负债问题退出，公司资金极度紧张。

风投资金加入，打破发展僵局。1976年，在红杉资本投资人唐·瓦伦丁和麦克·马尔库拉的帮助下，苹果募集到100万美元创业资金，75万美元为风险投资资金，其中马尔库拉个人投资9.1万美元，著名的风险投资家阿瑟·洛克一人投资5.76万美元。1979年夏末，公司进行一轮上市前的对外私募融资即夹层融资。通过瓦伦丁和马尔库拉的关系，包括施乐公司在内的共计16个投资人以每股10.5美元的价格认购了公司股份，公司此次共融资727万美元，其中施乐公司以100万美元购买了将近10万股。风投资金的进入为苹果逐步朝着大公司的方向发展提供了可能。

1980年12月12日，公司成功实现纳斯达克上市，市值迅速提升。首次公开发行股票价格为22美元/股，460万股股票，募资1亿多美元；当日收盘价为29美元/股，公司市值达到17.78亿美元。

从苹果的融资历程来看，马尔库拉、阿瑟·洛克等投资的75万美元是苹果公司的第一笔风险投资资金。1979年，施乐等公司投资的700多万美元是又一轮风险投资。风险资本助推了苹果公司的成长。马尔库拉的加入带给苹果公司的不仅仅是金钱，还有其商业经验，这让乔布斯看到了专业与业余之间的差距。施乐公司给苹果公司带来的也不仅仅是资金，还有研发上的榜样力量。乔布斯后来总结说，那个时候的风投，对公司的帮助非常大，他们就像你的导师一样。这是因为，早期的风投者，像瓦伦丁等，都曾是高科技企业的创始人或高管。这种背景，让投资者在投入金钱之外，也像导师一样分享他们的才能和经验。

苹果在纳斯达克上市也为乔布斯和风险投资者们创造了巨额的财富。25岁的乔布斯持股苹果比例为15%，其个人身家超过2亿美元，成为全美最富有的40位大亨中最年轻的一个。第二大股东马尔库拉的700万股价值也超过2亿美元，马尔库拉4年前投资的9.1万美元增值了2200多倍。沃兹尼亚克的400万股价值超过1亿美元。因为上市，公司的40多位员工一夜之间从普通职员变成百万富翁。不久，施乐公司也将所持的苹果股票出售了，获得的回报是3000万美元，是当初投资的30倍。阿瑟·洛克手中价值当初投资的5.67万美元股票猛增到了1400万美元，增值近250倍。

苹果最近一个交易日的收盘价是194.19美元，首发上市至今，以平均每年推出1~2款的速度发布新的产品。2018年12月18日，世界品牌实验室编制的《2018世界品牌500强》揭晓，苹果公司排名第3位，是名副其实的世界知名企业。

通过苹果的成长案例，我们也能总结硅谷的一套运营机制。

硅谷在发展过程中形成了一个金融闭环机制，具体表现在：

①种子期广撒网，分步投资，抬高估值。起步投资都不大，仅为数万至数十万美元，通过分步融资扩展业务，此时的侧重点放在估值上，而非企业的盈利和收入，拉伸估值使其到上市时市值足够大。

②通过上市、并购等途径获利退出。美国高新技术上市公司中，软件业的93.6%、半导体的84.8%、计算机的84.5%都是在纳斯达克培育的。从20世纪90年代末起，美国每年信息技术类企业并购少则300家，多则500家。通常做法为上市公司发行股票并购。这为大量中小企业打开了资本市场的大门——间接上市。上述机制使得美国资本市场通道比较通畅。

③获利退出的被投资者转变为投资者。依靠这套资本机制发家的被投资者，在套现之后转身成为投资者，即新的风险投资合伙人或实力雄厚的天使投资人，开始新一轮的投资。这一轮的天使投资人往往具有深厚的技术沉淀、产业行业洞察，这些经验成为下一轮初创企业的宝贵财富。

中国现在也有风险投资基金、创业投资基金和私募股权基金，并且是遍地开花，一片红海。不过，这些私募股权基金做的，多是倾向于成熟期、中后期的Pre-IPO投资、PE投资，没有多少愿意做种子期、早期的VC投资，退出难是一大问题。投资方投资之后，对被投资企业的“增值服务”，很少像马尔库拉、施乐公司那样在商业经验和研发方面给予支持，而多在“公关”方面进行协调、支持。

中国的资本市场与纳斯达克相比也还不够开明、开放。在施乐等公司投资的第二年，苹果公司就上市了。如果模拟一下的话，按照中国法律及会计制度以及目前的上市惯例，当年的苹果公司不可能在今天中国创业板上市。因为按照中国会计准则的口径，苹果公司自1977年1月3日成立到1980年12月12日上市，还不满3个完整的“会计年度”，连报送公开发行申请文件的资格都没有。

科创板和注册制的出现有望改变这一窘境。

## 二、科创板试行注册制为科创企业的股权投资带来机遇

### （一）政策利好，吸引大量社会资本进入科创领域

自2018年11月5日，国家主席习近平在首届中国国际进口博览会开幕式发表主旨演讲，表示将在上海证券交易所设立科创板并试点注册制[①]以来，科创板注册制上升到了国家战略的层面，成为中国资本市场供给侧改革的重要抓手；同时，也掀起了科创领域的投资热潮，吸引了大批社会资本进入科创领域。

以科创主题的公募基金为例，2019年4月26日，第一批科创主题基金一经开售就得到全民抢购，易方达科技创新混合基金募集额超过100亿元，其余6只基金在4月29日获得超过900亿元认购。第二批的5只科创主题基金也在5月27日正式获批，在6月5日发售，首日售罄，共获得超115亿元的认购。据了解，这些基金名称中含有“科创板”的基金，至少80%的资金要投向科创板股票，而含有“科技创新”或“科创”的基金除投向科创板外，还可以投资主板、中小板、创业板的科技创新类股票。这就为科技创新型企业引入了大量社会资本。

### （二）降低上市门槛，增加退出通道

科创板主要服务于符合国家战略、突破关键核心技术、市场认可度高的科技创新企业，允许尚未盈利或存在累计未弥补亏损

① 《习近平出席首届中国国际进口博览会开幕式并发表主旨演讲》，《人民日报》，2018年11月6日第1版。

的企业在科创板上市，设置有5套上市标准，与中国资本市场现有的板块进行差异化竞争。

试行注册制“宽进严出”的规则体系对标纳斯达克。纳斯达克的口号是“但凡是关注于未来的公司，都可以来找纳斯达克”。一方面，上市门槛低。以纳斯达克资本市场为例，按照市值标准，只要有公众愿意掏1500万美元，买你100万股，超过300人买了超过100股，你就能上市。另一方面，退市规则可操作性非常清晰，不满足持续上市要求的情况下，会被无情摘牌，市场化程度高。注册制让中国资本市场更富有包容性和开放性。

科创板和注册制增加了创新型企业在资本市场融资的可能性，也将畅通VC、PE的退出通道，使得创新型企业在创业初始阶段获得资金的难度降低，激发创新创业活力，有利于培育和发展战略性新兴产业，促进经济转型。

### （三）改善现有资本市场生态系统，股权投资长期利好

科创板和注册制的推出，将改善现有资本市场生态系统，股权投资长期利好。具体表现在以下几个方面：

竞争格局倒逼交易所提升服务功能。科创板的推出，打破了传统意义上的多层次资本市场的层级架构，与现有的创业板、主板、新三板等板块相互之间形成直接的竞争关系，更加市场化，倒逼各板块服务升级。

资本市场的市场化改革对其他各市场参与主体提出了更高要求。注册制的实施围绕信息披露展开，审查上由实质审查转变为形式审查，还“权”于民，对投资者对股票质地的评价与判断能力提出更高的要求；相应地加重对中介机构失职的惩罚力度，发行人及其相关机构都要对公司公布材料的真实性承担法律责任，促使股票发行人和中介机构严格遵循谨慎与诚信的原则，从而促进

整个证券市场尽快走向成熟与规范。

注册制设置多通道的首次公开募股（IPO）标准和多通道的退市标准，具有很好的包容性和开放性，有利于营造一种进退自如、大浪淘沙的市场环境；也有利于吸引国内优秀科创企业在国内上市，使创新生态圈在国内就形成闭环，形成国内资本市场对优质科创企业的反哺和促进。

## 三、机遇与挑战并存，对股权投资提出更高的要求

科创板注册制的推行，使得资金方原有获利方式难以为继。上市企业增多、估值回归、流动性下降以及市场竞争加剧，投资机构随时面临损失，二级市场投资者只赚不赔的时代一去不复返。股权投资机构准确判断行业发展趋势，掌握企业真实情况并能够对企业输入资源，将成为资金方的竞争力和保护自己资金安全的重要因素。

### （一）重塑现有资本市场估值体系

科创板上市企业集中在创新和科技发展领域，如大数据、人工智能、云计算、软件等。其中不少是初创公司，市场历史不长，缺少过往数据，并且多数具有轻资产特征，核心资产为研发成果、专利或技术，带来的利润具有滞后性及不确定性。当期经营成果不能体现专利或技术资产的价值，使得传统惯用的估值法不再适用，现金流预测也将遇到瓶颈。

同时，如采用相对估值模型进行横向比较，由于科创企业的高新特点，往往很难找到相似度较高的同类标杆公司，有很大可能会导致科创企业估值过低，难以合理地对成长型科技企业进行价值预估。

项目的上市估值如何评价，如何重建一个全新有效的估值体系成为亟须解决的问题，唯有如此才能使未来拥有行业壁垒优势、技术实力雄厚、成长性持续看好、在科技细分垂直领域保持领先地位的科创企业，享受充分的估值溢价。这对股权投资机构如何对项目进行估值提出极高的挑战，增加了上市之后估值的不确定性。

### （二）对现有投资交易策略、投资理念提出挑战

新制度的推行，对股权投资机构现有投资交易策略、投资理念提出挑战，机构必须依据新的定价方式、投资阶段前移等科创板要求的新情况适时调整公司的投资交易策略和投资理念。

在科创板新股发行方面，科创板新股发行取消了直接定价的方式，采用更能体现公司真实价值市场化定价方式。其一，科创板不再囿于传统A股23倍市盈率的定价模式，优质企业发行价格不受上限限制，由此导致的过去“打新基金”及基石投资者依赖上市初期股票价格增长瓜分利益的情况或将消失，企业能够直接获得更加充分的融资，公司和原有投资人将受益；其二，注册制的推出及退市制度的严格执行打破了A股IPO资源的稀缺性，非优质企业无法再借助上市坐享估值的大幅提升，一级市场项目的上市与否不会再因IPO的稀缺性而产生巨大价差套利空间，过去一二级市场稳定的套利空间或将消失，要求更多的一级股权投资机构真正回归价值投资的主线。

投资阶段前移。此前A股对盈利等财务指标的硬性要求较高，可上市企业基本已进入成熟阶段，其市场规模、公司体量以及技术发展均已达到一定水平，业务增长进入相对稳定期，因此二级市场投资人难以享受到企业早期成长阶段的高额回报。中国以往的资本市场结构，为私募股权投资机构提供了独享成长期估值增

长的制度红利，而科创板的推出使得企业上市融资的阶段提前，更多投资机构可能会将投资阶段前移到中早期。

### （三）识别新生事物炒作风险，现有机制尚待完善

首先，影子股炒作，捕风捉影风险极大。科创板上市标准确定后，一批影子股火了，借助科创板的概念“鸡犬升天”。截至2019年6月4日，获得科创板“准考证”的企业已有117家[①]，未获“准考证”计划登陆科创板的拟上市公司，完成或正在进行辅导备案的、新三板拟转板的数量更多，这些企业都被称为科创板的影子股率先被炒作起来。在有做市商支持的新三板，这些影子股一旦炒作起来就凶猛无比，日成交额就超过千万元，连续数个交易日拉涨停的比比皆是。

这要求股权投资机构具备火眼金睛，保持理性的头脑。现有的科创板公布的受理对象只是对发行资料进行了齐备性审查，未必等于可以顺利发行上市，即使有幸上榜的受理对象，最终是不是都经得起发行上市的审核也还不能肯定，捕风捉影风险极大。

其次，科创板制度尚待完善。科创板注册制从首次提出到细则落地，只用了117天，而创业板用了10年，为其高效率而喝彩的同时，投资机构也应保持理性。新生事物的成长需要过程，“欲速则不达”。现有的科创板及注册制的框架还只是基础的框架，配套制度仍须健全，如市场做空机制尚待完善，该机制可以使民间资本弥补行政监督的单一性，形成市场力量以投机遏制投机，倒逼上市公司守信和守法；没有完善的集体诉讼制度，投资者因证券发行人在注册文件中存在虚假或欠缺信息导致投资损失时维权难。

① 数据来源：Wind资讯。

## 四、抓机遇、迎挑战做好股权投资

### （一）紧抓行业研究，密切跟踪科创板动态

科创板重点支持新一代信息技术、高端装备、新材料、新能源、节能环保以及生物医药等高新技术产业和战略性新兴产业，这给我们投资产业的选择提供了指引。注册制的信息充分披露制度，也为我们做好相关产业的研投提供了重要的信息来源。在此之外，仍旧需要结合投资机构专长树立自身在某一领域的差异化竞争优势。

以裕智资本为例，公司为专业的高端制造业股权投资机构，公司高端制造业的投资主要通过以下途径展开：

①搭建投资平台，与湖州市区两级政府合资设立产业基金。

②设立严格的高端制造业企业筛选标准。具体标准有：满足基金设立的地域选择及投资方向；风险控制措施到位、退出渠道畅通；团队成员实力雄厚，技术研发能力强，拥有自主知识产权；技术达到五级以上成熟度，具有广阔的应用前景；运营团队拥有丰富的实业运作经验等5条标准。

③专业人才及高端技术团队做支撑。公司聘请在高端制造业领域具备多年从业经验，熟悉产业上下游情况的人员加入公司团队，主导公司项目技术、行业领域的尽职调查工作，与公司现有的资本市场经验、投融资经验丰富的成员之间形成优势互补。聘请高端技术智囊团，目前聘请有3名重量级顾问，如原装备学院科研部总师，曾承担并主持多项国家级重点项目；牛津大学高级研究员，拥有多项专业领域核心技术，参与欧盟及英国多个科研项目顾问。

④密切跟踪科创板动态。公司配有专人对科创板高端制造业

相关领域的申报企业进行跟踪与信息整理，及时了解该领域的最新动态以及科创板关注要点，并及时反馈到决策层，将最新信息纳入决策考虑当中。

目前公司已经通过上述标准筛选出激光清洗、电源管理芯片等项目，皆已投资落地。与此同时，公司积极抓住科创板机遇，与头部券商合作，优势互补设立科创板基金。

**（二）学习境外注册制发展经验，提高未来预期**

科创板能否再现纳斯达克的传奇，答案要等到若干年之后。但通过美日等成熟的制度经验，我们可以了解资本市场与科创企业良性互动发展的基本逻辑：让更多数量的科创企业进入到淘汰赛中，在市场上进行最残酷的淘汰。中国的资本市场必将朝着更为市场化的方向改革，试点注册制后将其推行到中国资本市场其他板块可期。

相应地，随着注册制改革提速，未来股市估值水平将对标国际市场。注册制带动中国资本市场与国际接轨，加上资本市场其他对外开放措施的采取，如将沪港通、深港通、沪伦通等资本账户开放推进，未来股市估值水平更加趋于合理。注册制的提速，也将导致供给增加、退市趋严、监管加强，壳价值降低，没有业绩支撑只有壳价值的小票面临退市风险。

国际化和市场化将是中国资本市场发展的必然趋势，我们需要做好拥抱市场的准备，从近段时间的一些新举措也能看出一二：

顶尖指数公司布局A股：MSCI指数扩容，提升中国A股在其全球基准指数中所占权重，A股纳入系数从5%提高至20%；富时罗素宣布，从2019年6月到2020年3月，分三步将A股纳入其全球股票指数系列。到2020年，预计A股在富时环球指数和富时新兴市场指数的权重将分别达到0.57%、5.51%；标普道琼斯宣布将部分A股纳入其全球指数体系，纳入在2019年9月23日市场开盘前生效，纳入因子为A股可投资市值的25%。

政策支持：在2019年6月13日第十一届陆家嘴论坛上中国证监会主席易会满表示，证监会将陆续推出一揽子对外开放的务实举措，包括推动修订合格境外机构投资者（QFII）、人民币合格境外机构投资者（RQFII）制度规则，全面推开H股“全流通”改革，研究制定交易所熊猫债管理办法等9项举措。前一日，伦敦证券交易所正式宣布，“沪伦通”所有启动准备工作已经完成并开始接受企业申请。国内发行商华泰证券拔头筹发行的全球存托凭证（GDR）预计于6月20日正式在伦敦证券交易所主板市场通过沪伦通机制实现交易。

### （三）突出增值服务重点，切实解决科创企业痛点问题

针对科技型企业发展的痛点问题，股权投资者不仅需要为科技型产业企业提供创业需要的资金，更重要的是在投资之后提供增值服务。

增值服务的提供工作可以朝着以下两个方向展开：

1.主导推动科技型企业的市场化发展

投资机构需要培养一批高水平、熟悉金融市场、理解产业发展路径、懂企业管理的人才队伍，将他们嫁接到原有的科创团队中，能够有效取长补短，提升企业的内部经营管理能力，主导推动科技型企业往市场化方向发展。这一点做法类似小米，在高度竞争的手机行业中，培养管理团队的格局、执行力、学习能力以及对信息敏感度，在进入其他相对传统的行业时，比如电视机、旅行箱、音响，就具有很强的竞争力。

2.规范企业的经营管理，树立永续经营理念

根据不同的科技企业业务模式，组建一整套适合其发展的组

织架构，规范企业的经营管理。综观我们在新经济浪潮推动下涌现的独角兽企业，基本都是构建了合适的内部管理模式，使企业合规经营，永续发展。在企业发展的不同阶段，对接不同层次的资本市场，做大做强。

## 五、结语

科创板注册制背景下的股权投资机遇与挑战并存，但总体而言，机遇多于挑战，科创板注册制的实行将有利于建立一个真正高质量的资本市场，让市场的力量筛选出真正优质的公司，更好支持中国实体经济从要素投入拉动转向市场化效率拉动，构建资本市场新生态。

# 新形势下股权投资的机遇与挑战[①]

根据大会组委会的安排，跟大家汇报交流“新形势下股权投资的机遇与挑战”议题。

## 一、股权投资的新形势

### （一）内外因双重作用，中国经济必须进行科技化转型

1.外因：科技竞争白热化，中国必须培养自己的硅谷

科技竞争主要的体现是中美贸易摩擦，美国对中国采取科技封锁、断供等措施，对中国的科技企业围追堵截，科技竞争进入白热化。在此情况下，国家出台了一系列支持科研创新的政策，加大对原创性理论研究、科技研发、科技成果产业化的投入，提高对科技创新企业的扶持力度，并促进有条件的地区、城市创设科创园。中国的硅谷正在一些地方崭露头角，如深圳、上海浦东、北京中关村、武汉光谷、成都、杭州、苏州、合肥、南京等高新区、创新区渐次发展，并且培养出了华为、腾讯、阿里巴巴、大疆、字节跳动、小米等一批国际级影响力企业。这将为科研院所、大专院校、科创企业的创新、研发和成果转化等带来资金等方面的支持和创富效应的影响。

① 本文系作者2020年9月25日在中国资产管理武夷峰会上的发言。

2.内因：倡导科技创新理念是中国经济转型升级的必要

20年来以房地产和基础设施投资建设为引领的经济发展模式面临空前挑战，被迫实行经济转型升级，实现经济由高速增长向高质量发展转变，倡导科技创新等新发展理念，“科创立国”成为必然。这将使科技创新企业成为股权投资的主赛道，未来10~20年，信息通信、半导体、生物医药、新能源、航空航天等细分行业必将出现世界级影响力企业，也将成为资本追逐的、股权投资落地的主要行业，出现百亿、千亿乃至万亿级企业，这样的财富效应令人期待。

**（二）金融改革开放的力度加大**

主要体现在两个方面。其一，资本市场全方位改革，设立科创板，实行注册制、创业板注册制、新三板精选层，多层次资本市场逐渐形成，未来主板市场注册制可期。资本市场成为真正“市场化的市场”。企业上市不用审批，变得容易。上市公司不再是一种稀缺资源，不再成为圈钱手段；随着退市的市场化，那些“坏孩子”——经营管理不善的企业，将成为“仙股”企业，甚至退出市场。市场对资源的配置，资金对优秀企业的追逐便能形成。长期发展或将形成以香港市场为主板，以上海、深圳两大市场为纳斯达克式科创市场，以及北京新三板和各省股交所市场，真正形成多层次资本市场并相互贯通，为股权投资增加了退出渠道。其二，对外开放力度和鼓励直接投资的政策力度加大，长期资本充足。去年以来，国家逐渐放开合格境外机构投资者和人民币合格境外机构投资者投资额度限制，也取消了试点国家和地区的限制；今年又将外商投资金融业准入的负面清单清零，吸引了大批外资券商布局中国市场，在证券、期货、基金、支付等领域投资。上半年，摩根大通期货正式成为首家外商独资期货公司，美国运通在华合资子公司成为首家大陆清算人民币交易持牌公司，高盛和摩根士丹利双双获得在华证券业务的多数控制权。美国最大的资产管理公司贝莱德获得公募基金业务牌照，星展证券、大和证券相继拿到中国资本市场"入场券"，外资控股券商队伍扩容至8家。同时，国内的保险公司、资产管理公司和银行理财资金，也增加了投入资本市场的比例额度和持有期。高净值客户和机构投资者资产配置的调整，也将为股权投资引入大量资金。截至2019年，我国居民资产分布中金融资产仅占20.4%，而住房不动产资产占比近70%，住房拥有率高达90%以上①。但是房地产繁荣的20年已经过去，在"房住不炒"政策背景下，未来房地产在家庭资产配置中的比例必将下降，并逐渐接近世界的平均水平。而在金融资产中，储蓄和债券等固收类产品占比超过80%，权益类资产只占不到20%②。随着货币政策的不断宽松和存贷利率的不断下降，储蓄和固收类资产的收益会越来越低，已失去吸引力，未来资产配置必将回归到权益类投资特别是高科技创新型企业和大众消费类企业的主赛道，为股权投资创造了无限广阔的空间。

### （三）注册制助推科技强国的典型：美国纳斯达克与硅谷

美国纳斯达克和硅谷在多年的运营过程中已经形成了一个运营良好的金融闭环，股权投资者长期陪伴优秀企业成长，优秀企业估值因其不断得到认可而上涨，最后通过纳斯达克上市并购等方式获利退出，获利退出的被投资者又转变为投资者对优秀企业进行孵化。在这一闭环中，最值得深思的就是一直亏损的科技企业也一直有资金陪伴并且在估值上不断创新高，陪伴资金得以增值，企业得以成长。典型的例子是特斯拉、SpaceX。

① 数据来源：《2019年中国城镇居民家庭资产负债情况调查》。
② 数据来源：《2019年中国城镇居民家庭资产负债情况调查》。

1.特斯拉

（1）特斯拉发展历程

特斯拉成立于2003年，总部在硅谷，由马丁·艾伯哈德与马克·塔彭宁合伙成立，创业初期因人才和资金的缺乏，于2004年吸纳投资者马斯克。2004—2007年，马斯克不断融资用于特斯拉Roadster的研发，截至2009年1月，特斯拉一共融资超过了1.87亿美元。2008年Roadster开始交付；2010年收购了一家汽车制造工厂，打造成电动汽车的生产基地；特斯拉2010年6月在纳斯达克证券市场挂牌交易，上市之前公司一直处于亏损状态。

（2）特斯拉利润与估值相背离

特斯拉2013—2019年净利润表现如图2所示。

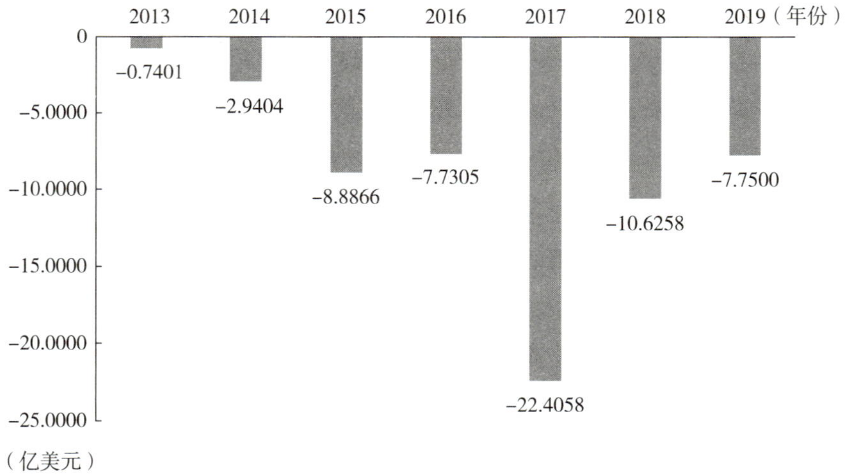


图2　特斯拉2013—2019年净利润

资料来源：特斯拉公开信息

2011—2020年，特斯拉股价表现如图3所示。

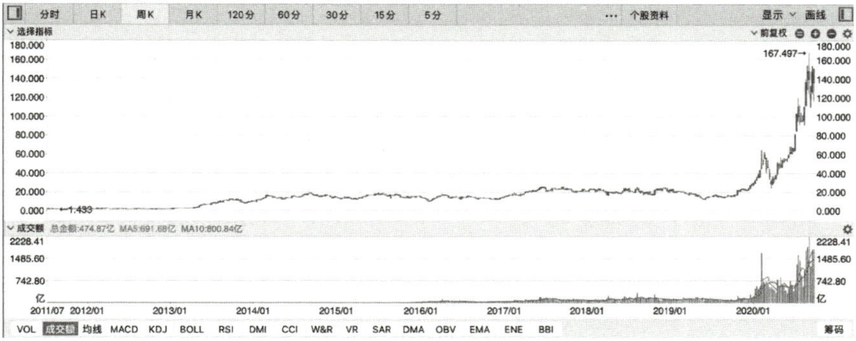

图3　特斯拉2011—2020年股价表现

资料来源：同花顺

(3) 特斯拉估值的逻辑

产品优势明显：充满未来科技的电动车。以Modle系列看：①会跳舞的鸥翼门；②中控科技大屏；③钢铁侠前脸；④大扭矩、快提速、快充电等。对于燃油车的替代会通过大幅抢占市场份额来提升市值空间。而且特斯拉最近发布的电池革命，大大降低了电池成本，也大大提高了低端客户购买能力，是国内一般电动车无法竞争的。

自动驾驶和共享出行的概念迎合未来发展趋势。解放驾驶员，让汽车成为更好的第三空间，可以创造需求，甚至可以参考苹果、谷歌这样万亿美元收入公司的用户体量、数据价值和收入空间。

掌门人马斯克的个人魅力，其技术和商业能力强悍，被市场关注和放大。

2. SpaceX

SpaceX成立于2002年6月，启动资金来自马斯克向SpaceX投的1亿多美元。截至目前，SpaceX已经安全发射超百次，包括商业卫星和美国政府的发射任务，服务的合同额超过120亿美元。

SpaceX创立至今已经融资13次，总融资超60亿美元。最近的一次是2020年8月的融资，公司估值达460亿美元。融资期间公司的运营利润一直处在不稳定状态，尤其是2015年猎鹰9号火箭发生爆炸事件后，SpaceX出现了显著的运营亏损。但运营亏损的情况没有影响其估值上升。

从上面的例子我们可以看出：注册制市场化背景下的投资者并不会被企业"未盈利"所吓退，有真正核心竞争力、产品适应市场需求、能代表未来发展方向的企业会脱颖而出。

另外，注册制也实质性降低了IPO的门槛，新产业、新技术、新模式的企业得以进入市场募资，经受市场的检验。大浪淘沙，代表未来发展方向、有未来获利逻辑的企业会越发受到市场追捧，资源也将集聚到这些产业、企业上，良性循环，实现整个经济的转型升级，美国的成功经验提供了借鉴。

## 二、国内的注册制改革将影响深远

我国的注册制度改革起步较晚，在这两年进度开始加快，第一块试验田是2019年开板的科创板将注册制落地，同年的12月《中华人民共和国证券法》修订，全面推行注册制改革。创业板注册制改革，放宽了行业限制，主板及中小板的注册制改革也将势在必行。

### （一）更多优质企业得以上市，股权投资退出环境更为通畅

区别于核准制时期的上市制度，注册制改革核心特点在于支持多元化，支持不同阶段、不同类型的企业上市，对未盈利、红筹架构、同股不同权、高价发行的企业打开资本市场的大门。同时在投资者保护上，加大对信息披露的要求，加大监管处罚力度。

更多代表新产业、新技术、新模式的企业借此进入资本市场，享受资本市场资源，更多优质的企业将留在国内上市，股权投资机构的退出环境也将更为通畅。从长远看，注册制改革将进一步促进创业投资行业的生态繁荣，资产证券化的路径选择将更加多元化，多层次资本市场的体系将更加完善，对于促进国内创业创新大发展具有重要意义。将来我们会看到一些优质的海外科技企业和大型制造企业积极主动到国内来上市，从而更深地融入中国经济的发展，提升中国经济的创新能力。

### （二）改变原有股权投资盈利模式

注册制意味着上市公司不再是稀缺资源，股权投资机构中长期以来形成的“唯IPO论”可能不再行得通。今年7月科创板首批挂牌企业的限售股开始集中解禁，估值出现回落，叠加此次落地的创业板注册制改革，企业价值的市场化重估进程将会进一步加速，上市溢价收窄、壳资源贬值。注册制落地数年后，A股的估值体系可能会与港股、美股趋同，上市成功将不再与资产大幅增值完全等同。

同时，实行注册制意味着监管不做实质性审核，违法难度降低，对投资机构的专业化识别企业能力提出更高的要求。

长远看，注册制将带来一级和二级市场更为紧密的联系，两个市场之间的差价空间将进一步被压缩。被投企业即使上市也不一定能让投资机构获得很好回报，二级市场将更加关注企业的基本面和真实成长性，投Pre-IPO赚估值套利的模式会逐渐消失，投资机构将出现两极分化。

## 三、股权投资能力的价值愈发凸显

IPO门槛的降低，市场上可投资的标的增加，原有获利的模式被打破，使得只有系统性思考和扎实研究导向的股权投资机构才能真正地理解产业、懂创新、懂资本市场，具备价值发现的能力。

以裕智资本为例，作为专业的股权投资机构，是价值投资的忠实实践者，选择伟大的企业及伟大的企业家，与他们一起成长，在发现和创造价值的过程中分享企业发展的红利是裕智资本的投资理念。裕智资本长期都在深入研究如何发现企业的价值，相信价值投资在注册制改革的新背景下，将会大放异彩。

### （一）发现企业价值

关于如何发现企业的价值，我们总结出以下几点。

看企业的创始人和核心创业团队，是否具备企业家精神，是否具有“狼性”。讲规则，团结协作，有韧性能持之以恒，投资就是投人。

看企业的商业模式，是否独特，是否有核心内涵，是否符合逻辑，能否持久。

看企业所处的行业是否有成长性，是否是朝阳产业，在行业中所处的环节，企业的产品或服务是否具备广阔的市场空间等。

看企业在资本市场上的表现如何，是否愿意与股东分享收益，分红派息的频率如何，能否为投资者创造超额回报等。

### （二）未来看好的行业

1. 半导体、芯片及软件行业

半导体是互联网和物联网的基础，是关键技术制高点。半导体材料、设备、电子元器件、芯片等，特别是芯片的设计制造已成为当今电子产品的关键所在。目前半导体行业的国产替代正在加速，有望迎来政策及资金的多重支撑。全球行业景气整体向上。去年以来，在二级市场，以半导体领域为代表的科技板块也是表现最好的领域之一。目前我国主要的半导体设备国产化率都在20%以下，中长期看空间非常广阔。如果说芯片是电子产品的大脑心脏，那么软件系统就是经络。在科创领域，硬件看芯片，软件看操作系统、办公软件。由于软件系统涉及国家安全，所以党政军办公系统国产替代有望取得进展。今年以来电信运营商、大型国有银行的招标情况也显示，党政办公系统的招标情况超出市场预期。其中具有代表性的事件是中国电信发布的2020年服务器招标集采情况，全国产化的H系列（CPU类型为鲲鹏920系列或中科曙光海光系列的处理器）首次进入全国产化服务器招标即获得19.86%的比重，或预示服务器及软件系统国产化替代进程加快。

2. 生物医药行业

看好创新药、医疗器械。在以降成本为背景的“三医”改革中，监管和支付政策对创新药、医疗器械友好，为企业发展带来政策红利。同时作为中国提高经济发展质量的组成单元之一，将长时间获得政策鼓励，得到高速发展。看好消费升级、品牌力提升的企业。优生优育和健康生活理念逐渐深入人心，带来人们对高质量生活的追求，生活压力加大也不可避免刺激医疗服务需求增加，人口老龄化进一步增加对医疗资源消耗，医疗的刚性需求带来行业稳步发展。

3. 航天航空行业

卫星、遥感监测、卫星定位及数据服务等都具有广阔的发展前景，特别是小卫星制造和遥感信息服务。据预测，未来5 ~ 10年，我国将把几千颗卫星送入太空，并组建太空卫星网络。这为卫星、火箭制造和遥感探测服务带来无限前景，整个行业未来将达万亿元产值。

4. 5G及通信服务、新能源与环保产业等

对信息传输速率的追求会带来通信技术的发展，5G、6G等通信产业的投资会持续进行。从长期来看，通信行业值得看好，但是在每个阶段投资的侧重点会有所不同，先是硬件产品，然后才是通信服务行业。

一级市场投资，二级市场定价。坚持投资科技创新企业的“主赛道”，紧跟未来10～20年中国经济发展，陪伴伟大企业家，创造伟大企业，分享成长红利。我坚信中国未来也会出现埃隆·马斯克的火箭公司和特斯拉企业，也会出现中国的苹果、微软、谷歌……

如果你在改革开放的1978—1998年这20年没有“下海”，经商、创业，你就失去了在中国致富的“鸿蒙”时代；如果在1999—2019年这20年没有投资房地产，你的财富一定缩水；如果从2020年开始的20年，你不投资科创企业的股权，即使你再努力，也可能一夜回到解放前。

因为，选择比努力更重要！

# 论政府产业引导基金[1]

## 一、政府引导基金分类

政府引导基金可以分为政府产业引导基金、创业投资基金、PPP基金以及其他类基金，其他类基金目前主要是指PPP基金。政府产业引导基金同创业投资基金以及PPP基金具有较大的相似性，但有本质上的区别。

创业投资基金主要投资于初创期中小科技型企业；政府还针对特定产业的发展设立产业投资基金；PPP基金则投资于基础设施和公共服务领域。

## 二、政府产业引导基金概念

政府产业引导基金，是指由政府出资，吸引有关金融机构和社会资本联合设立扶持特定阶段、行业、区域目标的引导性投资基金，是国家和地方政府为了引导新兴行业和创新性产业发展而专门设立的基金。

政府产业引导基金属于非公开募集基金，在本质上是私募基金，是充当国家实现产业升级的重要政策工具，亦是政府撬动社会资本的有效方式。

---

① 本文系2020年7月4日王天飞应邀为湖州市吴兴区科级领导干部综合能力提升班暨年轻干部“青苗论坛”授课内容。

## 三、政府产业引导基金的监管

从目前来看，对政府产业引导基金的监管包括但不限于证监会、基金业协会、财政部、发展改革委、商务部等，同时由于近期地方政府建立产业引导基金的热情愈演愈烈，地方政府也成为产业引导基金的主要监管单位之一。

综观各部门出台的各项文件，可以看出我国目前政府产业引导基金的监管形成了看似多头监管的混乱局面，但究其内部逻辑，各部门监管内容本质上遵循了符合本部门职能的监管职责。证监会负责基金具体操作层面的监管，即对基金管理人、基金募集程序、投资人保护等方面进行监管；财政部对政府产业引导基金的资金预算使用、会计处理、风险防范进行监督管理；发展改革委突出对政府投融资行为的引导，从宏观层面发挥产业引导基金对产业升级改造的促进作用；地方政府主要针对本地的实际情况，决定地方政府产业引导基金的规模、投向以及后续监管等。

## 四、政府产业引导基金的功能：撬动社会资本，推动产业升级

### （一）国家实现产业升级的宏观政策工具

政府产业引导基金是由国家主导的，主要投资于战略性新兴产业和高新技术企业的基金。政府产业引导基金通过投资在初始创业时期的相关产业，支持企业发展，并在其成熟后，通过上市、股权转让等方式退出，从而优化产业结构，推动产业升级。

战略性新兴产业是经济社会发展的重要推动力量，也是世界各国博弈新一轮经济发展制高点和全球高端价值链的重要途径。

以美国为例，战略性新兴产业是美国政府产业投资基金最为核心的投资领域。美国的政府产业引导基金主要集中在电子信息

科技、生物医药与科技医疗服务、新兴消费服务三大新兴产业，3个领域的投资分别占总投资的50%、30%、10%。

日本政府产业引导基金在电子信息科技、精密器械制造和新材料、制造服务业等行业发挥重要作用。

新加坡政府产业引导基金也集中在电子信息科技、生物医药与科技医疗服务、新兴消费服务三大新兴产业。

战略性新兴产业的培育风险大，成本高，其发展需要政府的宏观引导机制、资金支持和风险控制等。政府产业引导基金作为政府参与的重要基金，不以营利为目的，不参与企业生产经营活动，是充当国家实现产业升级的重要政策工具。

### （二）政府撬动社会资本的有效方式

国外较为成熟的政府产业引导基金的主要特点之一就是对社会资本的撬动。以色列政府产业引导基金规章中要求政府产业引导基金至少吸引60%的社会资本参与。澳大利亚政府则规定政府产业引导基金中政府资金与社会资本的比例要在1：1到1：2。欧洲大陆和日本政府出资更低，只在5% ~ 7%。美国政府的出资在整体产业引导基金中的占比不足3%。

政府产业引导基金可以发挥财政资金的杠杆效应，将财政资金和社会资本有效融合，以较少的资金吸引更多的银行资本、保险资本和其他社会资本参与，共同支持亟待发展的战略性新兴产业、高新技术产业。

## 五、政府产业引导基金发展现状

### （一）数量及规模呈现上升趋势，新设数量下降

经过近10年发展，2014—2019年政府产业引导基金无论是数

量还是规模上都呈井喷式增长。2019年我国政府产业引导基金数量达到2070只，募集资金目标总规模达到12万亿元，实际募集规模达到3.9万亿元，政府产业引导基金累计规模和数量呈明显上升趋势（见图4）。

新设数量下降。清科研究中心以及媒体公开数据显示，2014年、2015年和2016年新设政府引导基金分别为103只、383只和537只，2017—2019年数量下降明显（见图5）。

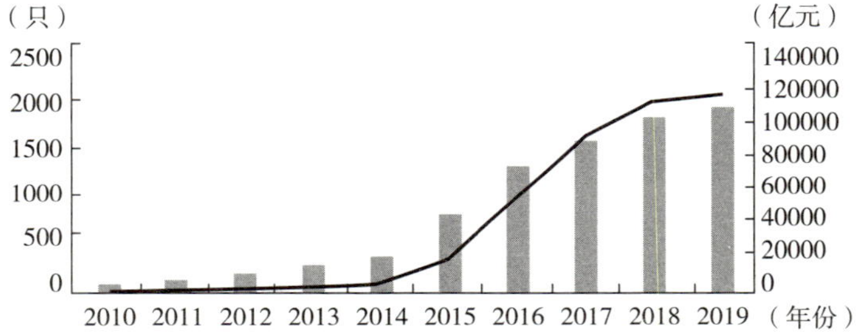


图4　我国政府产业引导基金数量及目标总规模

资料来源：清科研究中心（私募通）以及根据媒体公开报道整理

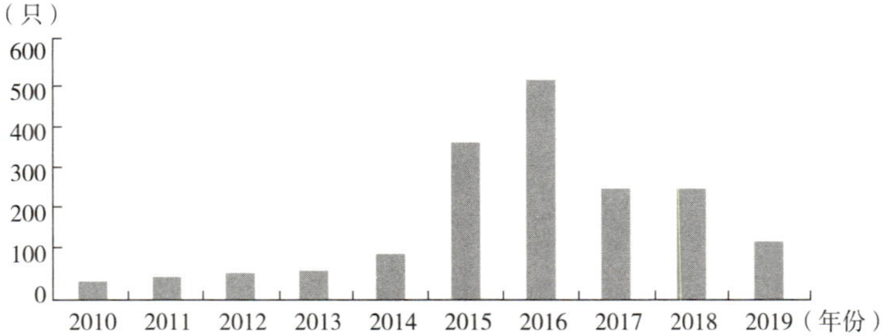


图5　政府产业引导基金年度新设数量

资料来源：清科研究中心（私募通）以及根据媒体公开报道整理

### （二）国家级、省级政府产业引导基金规模上占优势，地县级数量上占优势

截至2020年1月末，政府产业引导基金已达到2075只，含国

家级41只、省级379只、地市级740只、区县级560只、其他355只。目前地市级和区县级政府已经成为政府产业引导基金的设立主力，是政府产业引导基金的主要推动力量（见图6）。

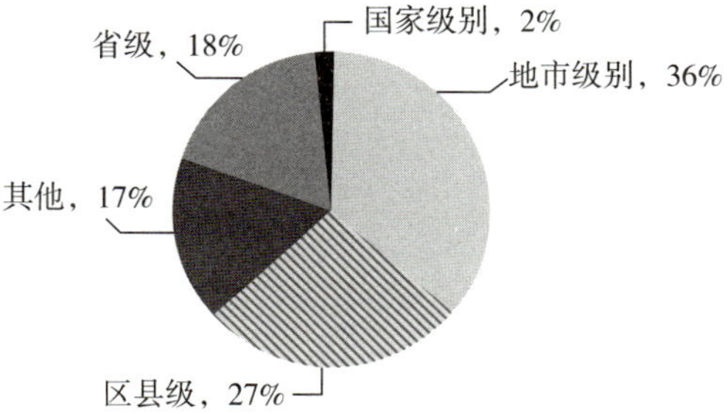


图6 全国政府引导基金层级分布

资料来源：清科研究中心（私募通）以及根据媒体公开报道整理

**（三）政府引导基金运作偏好于政府产业引导基金及创业投资基金**

截至2020年1月末，政府引导基金中政府产业引导基金达到1087只，创业投资基金达483只。从全国引导基金的分类来看，可以发现政府产业引导基金占比达到52%，创业投资基金为第二大层级，占比达到23%。这两个层级累计比重达到75%（见图7）。

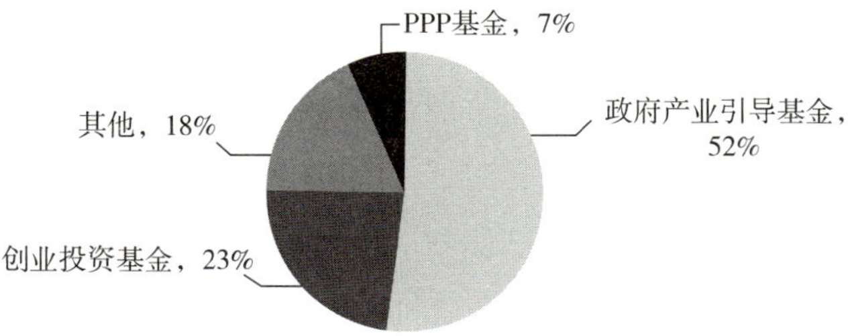


图7 全国政府引导基金分类

资料来源：清科研究中心（私募通）以及根据媒体公开报道整理

## 六、政府产业引导基金典型案例

### （一）北京中关村创业投资引导基金

北京中关村创业投资引导基金于2007年成立，由中关村科技园区管委会与中国光大控股有限公司、联想控股股份有限公司、启迪控股股份有限公司和联华控股有限公司作为主要发起人，组建了总规模为5.5亿元的4家创业投资企业，其中管委会出资1.65亿元。

基金主要通过直接投资和母基金投资方式开展创业投资，在重点聚焦优质科技创业企业和优质投资机构两大客户资源的基础上，着力推进技术与资本的有效对接，支持中关村示范区企业做强做大。根据中关村上市公司协会发布的《中关村上市公司竞争力报告（2019）》，2018年中关村境内上市企业已经有228家，上市公司实现总营业收入达55471亿元，净利润2037亿元。

在母基金投资业务方面，北京中关村创业投资发展有限公司已同联想投资、启迪创投、光大控股、青云创投、德同资本、IDG资本等27家合作，基金总规模已超过100亿元。

### （二）浦东新区政府产业引导基金

浦东新区政府产业引导基金由浦东新区政府在2006年出资设立，基金规模10亿元，上海浦东科技投资有限公司是政府产业引导基金操作主体。

政府产业引导基金的运作方式主要有两种，一是与国内外知名专业机构建立契约合作关系，双方联合投资，并由该机构进行项目投资决策和管理。二是作为出资人直接加入创业风险投资基金，共同委托专业管理机构管理。浦东新区政府产业引导基金的建立还吸引了大批风险投资机构（VCI）抢滩浦东。“十三五”期间，以引导基金为基础，设立天使投资引导基金，出资10亿元，平均每年2亿元左右，引导社会资本10亿元①。

### （三）深圳市政府投资引导基金

深圳市政府投资引导基金由深圳市创新投资集团有限公司（以下简称“深创投”）负责管理。深创投前身是成立于1999年的深圳市创新科技投资有限公司，主要股东有深圳市国有资产监督管理局、深圳市星河房地产开发有限公司、上海大众公用事业集团股份有限公司、福建七匹狼集团有限公司等。

深圳市政府投资引导基金是市场化运营最为成功的典型基金，实行总经理主导制。

其在全国范围内设立地方政府产业引导基金，形成了全国性的基金管理网络。企业的管理运营借鉴国际优秀经验，尤其是激励约束机制，吸引了大批高素质人才加入，具体的做法有：参照创投行业国际惯例加大收益分享，净利润的8%奖励给全体员工，项目净收益的2%奖励给项目团队；推行超额奖励，在当年净利润高于平均净资产的一定比例时，超额部分提取一定比例给予高管奖励，以及每年度的评优评先奖励。

深创投的运营取得了丰厚的业绩回报。截至2019年7月底，深创投投资企业数量、投资企业上市数量均居国内创投行业第一位：已投资项目1016个，累计投资金额约452亿元。其中，151家投资企业分别在全球16个资本市场上市，257个项目已退出（含IPO）。同一时间节点，深创投集团总资产340亿元，年复合增长率达到20%，净资产近200亿元，年复合增长率达19%②。

---

① 《设立10亿元天使投资引导基金》，中国财经，2015年12月26日。
② 《深创投发布20周年“成绩单”：投资企业境内外上市151家》，中国日报网，2019年8月26日。

## 七、政府产业引导基金运营困境及运作优化

### （一）政府产业引导基金运营困境

1.资管新规冲击，引导基金募资难，资金放大效应较弱

2018年资管新规出台后，新设政府产业引导基金面临“期限错配、多层嵌套、差额补足”等多方面限制。虽然2019年10月国家发展改革委、中国人民银行、财政部、银保监会、证监会、外汇局六部委联合发布了《关于进一步明确规范金融机构资产管理产品投资创业投资基金和政府出资产业投资基金有关事项的通知》，明确资管新规出台前设立的产业引导基金协议继续有效，但前期产业引导基金的有限合伙人（LP）资金主要来源于银行理财资金，该类资金本身存在短期资金和投资长期资产之间的期限匹配问题，存续理财产品的滚动发行必然受到影响，投资新设政府产业引导基金的规模将持续萎缩。

政府产业引导基金一般投资期限较长（至少5年以上），按照资管新规要求，银行、证券、信托等金融机构只能通过私银产品和代销的私募资管产品投资政府引导基金。而该类产品不是市场主流代销产品，募集难度较高，直接导致新设政府产业引导基金的募资难上加难。近几年资本市场的大幅波动以及风险投资市场的不景气，导致我国LP市场萎缩，多数LP长期投资意愿不高，从而进一步加剧了政府产业引导基金募资难的局面。

2.返投比例与投资机会存在矛盾

政府产业引导基金按引导基金政府出资额计算返投基数，一般要求最低返投金额不低于2倍引导基金政府出资额；部分产业引导基金按子基金总规模计算，对返投比例的最低要求为子基金总规模的40% ~ 60%。

通常政府产业引导基金会对未满足返投比例要求的普通合伙

人（GP）采取前置审批或投资委员会否决外地项目等处罚措施。而实际操作中部分产业引导基金所属区域投资机会相对较少，项目发掘周期较长，高返投要求直接导致基金运作效率低，造成了部分资金闲置。同时，市场头部基金管理人受限于返投比例，逐步降低了参与管理政府产业引导基金意愿。

3. 投资决策中市场化期望与政策性导向的冲突

政府产业引导基金一般通过“委员会决策+机构专业运营”的办法，期望依托专业人才团队提高市场运作能力，又维持基金投资项目符合国家政策导向，力图实现公共利益和市场效率的统一。而实际操作中一方面政府产业引导基金的审批程序较长，项目决定权并不仅仅取决于基金层面，经常出现其他LP已明确出资意向，甚至资金已到位，而产业引导基金审批流程尚未完成的情况；另一方面出于产业引导基金的政策性导向，如对特定行业的扶持、财政资金的放大倍数、投资进度以及税收增长等目标往往与市场化预期即基金的投资回报产生冲突。

4. 退出管理模式单一，且周期较长

目前，政府产业引导基金退出方式依然局限于通过IPO、上市公司并购、企业回购等途径。根据《企业国有资产评估管理暂行办法》《企业国有产权转让管理暂行办法》等相关规定，涉及国有产权有偿转让应当通过依法设立的产权交易机构公开进行，交易价格需经评估并核准或备案。这些流程一方面导致国资控股的政府产业引导基金运作效率较低，容易错失退出良机；另一方面在没有相应容错机制的情况下进行评估，操作难度较大，也增加了退出成本。

### （二）政府产业引导基金运作优化

针对政府产业引导基金运营过程中的以上困境，提出如下优化策略，以促进政府产业引导基金健康运作和区域经济高质量发展。

1. 明确产业政策、突出产业定位

产业基础是政府产业引导基金发展的核心，然而实操过程中存在大量的引导基金产业政策不清晰、定位不准确，所扶持的企业产业关联度小、集而不群的问题。

针对上述问题，政府产业引导基金的所在部门应当结合地区的人力、信息、资金等地区资源禀赋，产业聚集度等区位产业基础及优势，制定产业政策。在产业政策的指导下，重点攻克，实现以点带面的产业升级。

2. 推行市场化运营管理

市场化运营是政府产业引导基金发展的趋势，实际操作中政府对基金投资运行干涉过多，决策周期长，激励不够，“明股实债”等过分强调保值与股权投资本性相违背，社会资本与政府资金市场化期望与政策性导向的冲突，解决的关键在于市场化。如搭建市场化管理模式，明确政府主管部门与基金管理人职责；投资业务和日常管理完全由基金管理人按照市场化机制进行专业化管理，包括子基金选择、投资业务、增值服务、投资决策以及激励机制等。

3. 拓宽融资渠道，加强与金融机构、品牌GP等合作

即便有政府出资，募资难依旧是政府产业引导基金的难点，要解决这一问题需要统筹资源。具体的措施有：

政府机构依法合规设立地方性政策担保公司在募集和基金运营中发挥保证作用；加强与银行、保险机构、信托等金融机构合作，如地方性银行可以采用股债结合或股债转换模式参与产业基金设立，与银行资管子公司合作等；政府提高产业引导基金出资比例，加大让利力度；加大财政和税收支持力度；加强与品牌GP合作，实现资源共享、优势互补。

4. 放宽地域限制，降低返投比例

处理好政策导向与市场化期望的矛盾，需要在投资标的项目层面适当放宽地域限制。尤其是区县级产业引导基金，由于缺乏可投项目，资金闲置现象更多，需要修改基金管理办法，适度放宽投资地域限制。前期适当向社会资本的市场化营利要求倾斜，先培育一批优质项目后，再向政策性目标倾斜。同时，放宽投资当地比例的计算标准，为基金投资提供更大的筛选范围，下调返投比率，最低返投金额可设定为不低于引导基金政府出资额。

5. 拓宽退出渠道，健全私募股权多层次资本市场

建立面向市场的私募股权资产包交易平台，推广基金资产流转变现的交易机制，灵活运用资产证券化手段，拓宽政府产业引导基金退出渠道。依托各省产权交易所打造市场化二级市场交易平台，努力发挥平台的资本集聚能力、市场辐射力、价值发现功能和资源配置作用，设立二级市场基金，专门收购另类资产基金份额、投资组合或出资承诺的基金产品。政府产业引导基金通过并购、股权转让等更灵活、便捷的退出方式，缩短政府产业引导基金的运转周期。

# 关于吉林省打造优势产业的几点建议①

我是延边大学1985届校友，老家在吉林长春。一年多来，参加省里举办的大型活动4次（北京吉林商会返吉考察投资会、吉林双创大赛及双创周活动、全球吉商大会和这次校友人才大会），足见吉林省委、省政府在贯彻中央东北振兴方略上是真抓实干的。下面就吉林振兴，结合我30多年在江浙沪做金融投资工作的体会提几点建议。

## 一、依托禀赋

吉林的禀赋是什么？吉林至少有三个禀赋——农业大省、科教大省、汽车和轨道交通列车制造大省。

### （一）农业禀赋

粮食生产大省变成粮食畜牧生产和深加工大省，培育品牌农副产品，畜牧水产林产品等全面高质量发展，推进立体农业、循环农业、环保农业、深加工农业的发展，实现农业机械化和农业可持续发展。

① 本文系作者2021年10月26日在首届“吉林省校友人才促进吉林振兴发展大会·校友资政论坛”上的发言。

实现玉米高产稳产。培育适合黑土地生长的优质玉米品种，实现玉米深加工、精加工，变成各种健康食品，也可以利用玉米加工酒、油等副食品。为此要吸引大型国内国际的粮食食品企业，建立大型深加工工厂，并创建出自己的品牌，需要各类媒体的宣传支持和广告效应。

玉米及秸秆换肉计划。政府提出千万头肉牛养殖和生产加工计划，非常有利于玉米及秸秆转化，提高玉米等粮食的附加值。但怎么科学养牛，如何从科学配制饲料、合理喂养、预防疾病，到科学屠宰加工、保鲜、销售一条龙，形成一个产业链，既要政策扶持，也是一个市场化经营的过程。要实现这样的一条龙产业链就必须要有龙头企业牵引，所以引进或培育龙头企业至为关键。大量的牛粪又可以改良土壤，保护我们的黑土地。希望能养出媲美法国牛、澳大利亚牛或新西兰牛的品种来，并能加工出自己的品牌牛肉，如雪花牛肉那样可口。延边黄牛在国内有一定的知名度，可加以研究改良利用。

随着环保力度加大，玉米秸秆问题必须解决。这一问题既困扰各级政府，也困扰广大种粮农民，必须加快秸秆变饲料或秸秆变肥料、秸秆变电能的步伐。

农业的种子和肥料是个大问题，必须科学地加以研究解决。农大及农业科研院所应承担起基础研究、应用研究的责任来，面向市场、面向需求、面向创新设立课题。

### （二）科教禀赋

必须面向社会、面向市场、面向创新，根据国家、市场、企业需求设置院系专业，培养有用之人、有用之才。

加强基础研究和应用研究，打造创新型科研院所，解决国家、政府、社会、企业的燃眉之急，解决重点领域、重点行业的“卡脖子”技术，走出围墙，走向企业和社会。

利用好中科院在吉林的两个大所——长春光学精密机械与物理研究所和长春应用化学研究所。围绕其研究成果进行转化，培育新兴产业，振兴吉林制造业。特别是要发挥长光卫星——东北唯一独角兽企业的优势，打造航空航天及军工产业链，培育骨干龙头企业，形成引领作用。利用长春应用化学研究所和吉林生物多样性优势，发展医药，特别是生物制药产业。

### （三）汽车和轨道交通列车制造禀赋

一汽是共和国汽车摇篮。“解放”和“红旗”是国产汽车第一品牌。吉林一定能培育并打造万亿级的汽车产业。

第一，打造“红旗”自主品牌，制定明确的发展战略和实施方案，结合信息社会发展和能源革命，明确高中低端汽车的市场定位和营销策略，把好质量关、性能关、价格关，以市场为导向，超前定位，渐次发展，最终将“红旗”打造成世界品牌的汽车，从而带动形成万亿级的汽车产业链。

第二，从能源革命要求出发，逐渐从化石燃料车到电动车、从氢能汽车到无人驾驶汽车，进行梯次布局。

第三，加快“解放牌”货车的现代化升级改造，打造舒适、美观、性价比优良的适用新型货车，实现超百万台量产。

第四，搞好汽车合资企业，按照国际标准要求，促进快速发展，提量增效。

第五，国内氢燃料汽车刚刚布局，吉林有风能和太阳能等清洁能源优势，如何将风能、太阳能转化为氢能并储存起来利用，是需要认真研究落实的问题。如果能发展氢能汽车，则相得益彰。

## 二、金融行业

金融是经济的血脉，为实体经济和创新发展赋能，也是可以形成万亿级产值的行业。吉林传统金融企业齐备，如银行、信托、保险、证券等，要高度重视其发展，特别是要重视核心高管的配备，如党委书记、董事长、行长、监事长等人选。近几年，吉林由于个别金融企业高管问题造成一些风险，所以要加强这方面的领导和监管。

重视金融改革和转型发展，特别是新金融的发展，推动银行、信托等向投资和资产管理方向转型，支持实体经济和创新经济。

重视证券投行领域发展，推动企业直接融资。党中央高度重视金融领域的发展，特别是在推动资本市场转型发展方面实施一系列举措，如设立科创板并实施注册制，创业板实行注册制，设立北京证券交易所等。我们要和上海、深圳、北京三大证券交易所对接，推动和培育吉林各行业龙头企业，特别是高新技术企业和金融企业的上市工作，推动吉林经济振兴发展。目前吉林省上市公司偏少，甚至还不如浙江个别区县的上市公司数量多，这种局面必须改变。我们招商引资，花了很大力气，见效慢，但培育一个上市公司，通过市场估值，打造百亿甚至千亿元市值的企业，就能吸引全国乃至世界资金进来，促进企业做大做强，带动行业上下游全产业链发展。这就是金融赋能和资本市场的魅力所在。

大力发展文化旅游、康养休闲产业。吉林山水相间，森林、草原、湖泊、湿地同在，生物多样，四季分明，气候宜人，是旅游度假、康养休闲的好地方，前景广阔，大有可为。吉林也是文化大省，有著名的长春电影制片厂、各类媒体及大学，可以发展传统媒体和新媒体，支撑影视传媒和动漫产业发展。

淬炼内功，精准施策。要培养一个好的营商环境、重商文化。

转变政府职能，从管理型政府向服务型政府转变，让企业只管生产经营，其他的交给政府来办。政府在支持企业方面，要敢担当、敢作为、善服务，这方面我们确实要向长三角和珠三角地区的政府学习。

在招商引资过程中，注重招才引智，注意引进软件、管理、中介机构，盘活存量资产，提升科技创新能力和水平。

未来经济是科技引领经济。我们一定要发挥科教大省优势，提高创新能力，以技术驱动、需求拉动、金融赋能、市场加速四轮并重，打造汽车、轨道客车和农牧深加工、金融、航空航天及军工、文旅康养、生物医药、新能源等千万亿元的产业。

王天飞在首届“吉林省校友人才促进吉林振兴发展大会·校友资政论坛”会场

# 以投资的视角看文化创新①

很高兴参加天府文化论坛。今天我分享的主题是“资本在文创品牌孵化和产业发展中的作用”。

资本的引入可以给文创产业带来资金活水，加上技术、人才等要素加速促进文创产业的高质量发展。与此同时，提供资本的机构在参与过程中分享该产业成长的红利，形成良性循环，迸发出前所未有的资源聚合效应。这是我们都想要达到的目标，具体如何实现的，各有各的招，但万变不离其宗，首先要把脉，对文创这一特定行业的特殊性、发展的现状要有足够的了解，才能结合自身的积累给出“方子”。今天我主要从两大方面5个部分分享我的看法，第一文创产业的特点及现状，第二结合文创产业的特色分析什么样的文创品牌更受资本青睐、资本具体如何发挥作用及政府应该提供哪些支持协力实现文创与资本的深度融合，从而促进文创产业的迅速发展。

## 一、文创产业的特点及发展面临的困境

### （一）文创产业：知识密集型+资本密集型

文创产业属于知识密集型的新兴产业，具备高知识性的特点，

① 本文系作者2021年12月10日在第五届天府文化论坛上的发言。

产业的核心在于人，需要一大批知识分子，集思广益，最终产生汇聚知识、智慧和灵感的文创产品。诗歌、音乐、电影、电视、动漫、游戏等都需要具备一定创意水平、创新能力的人来完成剧本写作、形象设计、IP运营等工作，这个行业具有“自我雇佣”的特点，能实现“软性就业”。

说文创产业属于资本密集型产业是因为文创产业的产业链很长，表现形式也很多样，对于投资要求高、体量大。从创意、产品、运营到销售，自始至终需要各种各样的资金和投资人的陪伴。

### （二）发展面临的困境

在肯定我国，特别是成都在文创产业发展中取得的成绩的同时，也存在一些普遍的问题，具体表现为：

文创产业遇到龙头企业不够强、不够多、难以形成行业带动作用的瓶颈。

大部分文创企业存在规模较小、获取资源有限、抗风险能力差的短板。

文创金融产品和服务供给能力受到行业创新不足的制约。这跟文创产业的资产特殊性有关，文创产业以“软资产”为主，能被社会普遍认可的价值物不足。除了房产、有价证券、有形的办公设备，就只有一些不被认可、即使认可也是大打折扣的商业化文化版权以及难以被衡量的人才智慧这类的“无形资产”。金融服务这块支持力度较大的是政府设立的产业引导基金，从国家到地方都设立了几十亿、上百亿元的文化产业基金，但实际投出资金的项目比较少。

尤其是新冠肺炎疫情发生后，影视、演艺等文创产业受到严重冲击，对文创产业的发展带来重大考验。

## 二、打造更受资本青睐的文创品牌

文创，不是一个贴纸，写着“文创”这两个字，再贴在商品上。在满足基本功能的同时，需要通过深挖产品背后的文化、精神、内涵，与消费者的精神世界建立起联结，或以颠覆性的产品和服务，给予消费者崭新而惊喜的消费体验，才能让品牌有灵魂与温度、风格与个性，才是资本所青睐的文创品牌。具体建议如下。

### （一）深挖文化来源

文创品牌的文化来源可以从以下几方面来梳理。其一，地方文化，如民俗、历史、礼仪、地理、故事、俚语等。以四川为例，金沙遗址、三星堆遗址、都江堰、武侯祠等可提供源远流长的历史养分，另外有火锅、麻将、独具特色的川剧等。其二，人物故事，包括历史人物、传说人物等，四川的著名人物古代有汉代文学家司马相如、唐宋八大家中的“三苏”、明朝三大才子之首的杨慎，近现代有中华人民共和国开国元勋朱德、刘伯承、陈毅、聂荣臻，中国民主同盟的创建者张澜，文学家巴金、郭沫若等。其三，粉丝文化，充分挖掘粉丝“自我实现”“参与感”或者“自拍”等需求。发挥好世界级“网红”——熊猫的作用，在全世界范围内有亿万大熊猫粉丝，是一个庞大的受众群。

### （二）找到好的演绎载体

将所挖掘的文化加以整合，提炼出文化基因，再将提炼的文化基因通过好的载体演绎出来。载体的选择需要综合考虑服务特色、体验特色，最终让受众从视觉、听觉、嗅觉、行为、思想上感受到力量。除了电影、电视、音乐、文学作品这些常规载体之外，近年来涌现的短视频和直播平台，故宫口红和兵马俑雪糕等

IP产品，洛天依和嘉然等虚拟偶像，AR、VR和剧本杀等一些特殊的载体也让人眼前一亮。

### （三）从产业的视角来孵化品牌

不能形成产业的品牌是短命的，也不会有较大的价值。因此，在文创品牌的孵化上，我们的着眼点虽然在情怀和文化，但最终目的还是盈利，需要落实在商业中。

文创只有形成较长的产业链，才能够支撑经济发展、持续创造价值，形成长久的生命力。

以动漫为例，动漫的产业链较长、涉及面也很广，如剧情编写、场景和角色设计、绘画、特效和动画制作、配音配乐、内容的推广和发行、IP产品的生产制造、以游戏等其他形式的再创作，等等。

### （四）具有原创性且能予以保护

文创品牌的灵魂在于创意，想要在市场上占有一席之地，必须具备原创性、独特性，且能够借用现有的无形资产保护渠道予以保护。如前文所述，该行业内公司基本以软资产运营，原创性就是公司实力的最佳体现，也是打动资本的关键。

### （五）品牌的孵化还需要考虑跨界

文创产业发展至今，不仅核心文创产业如文学、音乐、表演艺术和视觉艺术快速创新发展，其他艺术形式如影视、博物馆、图书馆、书法、绘画、摄影、动漫、游戏等也迭代创新，并带动相关产业如广告、建筑、设计、时尚、旅游、教育等不断破圈。在文创品牌的孵化上也应该考虑跨界。如湄公河旅游推出的《勐巴拉娜西》，将傣族、哈尼族、彝族、拉祜族等民族传统故事、歌舞、乐器演奏编排在一起形成一部大型旅游歌舞秀，这是文化赋能旅游的绝佳案例，一档创新的夜间节目使得留客时间从一天半增加至两天多，间接带动了餐饮、住宿等行业的发展。

## 三、资本如何发挥作用

在前文了解了文创产业“软资产”运营面临金融服务少的资本困境及明白了什么样的文创品牌能更吸引资金的基础上，该部分重点介绍怎么将资本的作用最大化，其主旨是打造由各阶段的股权投资机构、商业银行、资本市场等多方协作的金融组织体系，覆盖文创企业全生命周期的金融产品体系以及财政与金融协调并进的政策扶持体系。

### （一）培育覆盖文创企业全生命周期的投资机构

根据文创企业所处的发展阶段，包括初创期、成长期、IPO前期、IPO后期，对应不同风格的股权投资基金，包括天使基金、VC基金、PE基金、并购基金。各阶段的风险和回报率也完全不一样，所以一个健康健全的股权投融资环境，需要引进各个阶段的投资人及机构陪伴企业成长。

### （二）主流形式：政府文化产业引导基金

政府设立引导基金的初衷是引进社会资本，将政府资本与社会资本两者有效结合并相互促进，这也是政府以资本形式助力某一特定产业发展的主要形式之一。2015年，四川文化产业股权投资基金成立，总规模50亿元；2018年，成都设立100亿元文创产业投资引导基金。我们裕智资本也管理一只规模10亿元的政府产业引导基金，引导基金运作过程中产生一定的效果，也有一些问题仍需进一步解决。

其一，政府资本公益性和社会资本的逐利性存在一定的矛盾，政府资本关注产业引导、纠正市场失灵，社会资本谋求超额财务回报，双方在一些重大项目决策上难以达成一致，以至于无法最大效率地调动基金的资源。

针对该问题，可以考虑借鉴以色列YOZMA政府引导基金的做法，设置政府资本提前退出机制。即当基金被投企业进入成熟期，利润稳定，发展平稳，政府资本即可退出，社会资本可按照固定收益比例（一般为政府资本的门槛收益率，即7%~8%）从政府资本中回购成熟企业的投资股份。该机制由政府资本向社会资本让利，表明政府意在扶助、不与民争利，社会资本可享受早期进入及后续增持的投资收益，从而达到政府有为、市场有效的理想愿景。

其二，政府资金背后层层过会、层层上报的管控机制会让基金运营丧失一定的市场灵活性。

其三，国有资产保值增值红线和基金投资的风险存在矛盾。政府引导基金在实际运营过程中，政府出资部分的资金完全与社会资本同股同权的情况较少，为最大化保障国有资产本金安全，往往会设定一定的保障机制，导致实际运营过程中投资风险仅由社会资本承担。如无法灵活处理投资风险、投资回报与相关制度设计中政府资金对投资失败或损失的容忍度问题，这一形式难以得到长足的发展。

应最大限度地在制度设计、人员选任、程序设置上使政府产业引导基金进行市场化运作。

### （三）引导各类金融机构一同参与文创产业投融资

除股权融资之外，文创产业发展还离不开银行、信托、保险等金融机构的助力。需要强化政策支持，引导金融机构有效降低企业获得信贷的难度和成本，提高信贷服务便利度，为文创产业提供针对性的金融产品和差异化服务。

### （四）精选赛道培育文创龙头企业

针对文创产业面临龙头企业不够强、不够多、难以形成行业带动作用的瓶颈，需要集中力量在特定的细分赛道培育龙头企业，好钢用到刀刃上。细分赛道的选择建议如下：

动漫等视觉艺术赛道，尤其是动漫。其一，很多文创作品都可以以动漫的形式展示，如替父从军的花木兰。其二，其受众广，大人小孩都喜欢，从成熟的电影市场来看，排名前十的电影里面，有一半是动画电影。其三，动漫题材生命周期非常长，产业链条也长。从电影、玩具，到游戏，还有主机游戏，整个延伸度非常大。迪士尼系列电影的火爆及延伸产业的发展是一个很不错的例证。其四，我国动漫产业仍相对落后，有很大的进步空间。

影视、音乐等表演艺术赛道。表演艺术产业非常宽泛，如横店的影视城，上百万人聚集在那里，形成了完整的产业链，人的聚集必然带来饮食、居住等各种消费，最后变成一个小的城镇。

博物馆、文创馆、图书馆等场馆展示赛道。在这里面可以嫁接现代技术作为展示形式，如沉浸式技术、VR、AR等技术。

“在有鱼的地方钓鱼”才能事半功倍。龙头企业一旦培育，无论是其本身的融资能力还是对上下游产业及周边产业的带动作用都是巨大的。

### （五）吸引各类文创人才、金融人才进行创业投资

创意产业的核心是人才，是人才智慧的动能聚集。成都在文化产业人才吸引方面已有一定举措，但是与北上广深甚至杭州相

比，人才引进力度仍然较弱，需要结合成都环境宜人，适宜居住的特点建立差异化的人才引进机制。

## 四、政府应发挥的作用

### （一）创造宽松的氛围、环境

知识分子群体有“放荡不羁爱自由”的特点，要创造一个宽松、包容的生活、工作、创业的社会氛围，迎合其喜欢自由的特点，做到“宜居、宜创”。

### （二）定期举办文创产品交易会，设立区域性文创产业交易平台

有市场才会有活力。就文创产品而言，可定期举办文化艺术、广播影视、数字创意、艺术品交易等大型展会及主题系列活动，打造具备影响力和辐射带动作用的文化消费平台。产业交易平台方面，设立区域性文化创意产业交易平台，为四川以及域外国有、民营文化创意企业，提供股权确权、价格评估、融资以及资金退出等一系列服务。

### （三）培育文创领域的中介服务机构

培育投融资担保机构、评估机构、信息服务平台等协助文化产品的投融资相关中介服务机构。确保投融资各方信息公开透明和真实可靠，尽量减少交易成本，降低交易风险。

例如，文创产业“软资产”的评估机构。文化创意产业知识产权的交易、质押、投融资都离不开对知识产权价值的评估，而当前的监管环境，对于评估机构的规制相对于律所、券商等服务中介来说还宽松很多，建立好对评估人员的考核、追究机制，对相对保证评估出一个合理公允的市场价值，至关重要。

### （四）实施文创人员培养战略，加大文创产业扶持力度

以财税政策为例，现实中，总体上文化行业的税负普遍较重，现行的增值税在一定程度上存在对文化创意产品重复征税问题，且没有对无形资产实行进项抵扣。其次，税收优惠政策主要适用于文化企业成立初期1 ~ 3年，而文化产业成长周期较长，需要5年以上才能发展成熟。对文化产业从业者给予适当的税收优惠，文化产业是知识密集型产业，人才在企业发展中至关重要。若出台较大力度的文化产业从业者个人所得税优惠政策，无疑将会吸引更多人才从事文化产业相关工作。

## 五、裕智资本文创领域的投资

### （一）投资概况

裕智资本是2017年设立的专注于文旅和高端制造产业的私募股权投资基金，下设一个产业引导基金——由公司的子公司湖州市裕哲投资管理有限公司担任基金管理人。产业引导基金总规模近20亿元，实投规模4亿多元。

文旅板块投资了湄公河旅游股份有限公司（简称“湄旅股份”），以及电视剧《白鹿原》。投资3年左右，回报还是非常丰厚的。也投资了一些名人字画，并把字画结集出版，包装上市。还投资了著名京剧表演艺术家的经典作品，如于魁智、李胜素的著名经典剧目刻成光盘出版发行，既弘扬了国粹艺术，满足了京剧爱好者的听戏需求，又可作为藏品收藏。

### （二）文创领域投融资经验分享

文化创意产业内容丰富，表现形式多样，怎样投资、如何培育，我们的考虑如下：

①选择自己熟悉的门类及表现形式投资，切不可跟风追热点。由于团队核心成员多是20世纪六七十年代的，对文化的传统表现形式比较熟悉，投资也多倾向于此，对于新潮、时髦的东西则看得多、投得少。

②注重产品本身的内涵和创意、创造表现对消费者的满足感。我们一直认为好的作品不仅应该有丰富的历史文化内涵，其创意及表现形式也应当切合时代，满足当代人的精神诉求和实用需求。好产品一定自带流量。

③重视对人的关注。文化是一种创造、创意，主要作用是满足人的精神需求。创业者的文化素养、创意水平、创造能力决定了产品的品质、美感及观赏性和实用性，所以对投资对象人的重视，再怎么强调都不为过。

④紧贴大众需求，重视市场，紧跟时代。认清“80后”“90后”和Z世代消费主体的消费心理和消费倾向变化，创造性地满足其消费习惯。在重视历史文化的基础上，不断创造出有趣、有用、有艺术性的“潮”“萌”“酷”“搞笑”等流行作品。

⑤关注科技发展。很多文创产品都是伴随互联网，特别是移动互联网、现代信息传播技术和半导体革命变化带来的创新表现形式，如动漫、游戏、短视频、潮玩等。近些年，像斗鱼、秒拍、快手、抖音等短视频和直播都特别火，对传统视频平台造成了较大冲击，所以说要跟上时代，踩准节奏，把握科技发展不断创造出来的文化表现形式和消费变化。

⑥注重文创产品的传播运营和营销。任何文创产品，在找对产品、立好IP的同时，要考虑通过怎样的途径把它传播出去，也就是要运营和营销。根据受众的不同创造故事，选好切入点及传播渠道。

⑦警惕文创产业的资本泡沫。国内文创产业发展势头快、范

围广、估值高，投资泛滥，很多产品过度包装，红极一时，但很快就昙花一现。一些自媒体呈井喷态势，快速融资、漫天要价，投资者一定要保持理性谨慎，特别是对于早期产品，切不可盲目追风。

⑧文创产品的品牌孵化需要时间打磨，所以需要长期资金的陪伴。要使品牌有持久生命力，更要不断地创新、深化品牌的内涵。

王天飞在第五届天府文化论坛上发表演讲

# 湄公河旅游跨界发展的思考[1]

近年来，文化创意产业在互联网、信息技术和半导体革命的赋能下，在时代需求的推动下，已成为快速发展的朝阳产业，成为后工业时代经济的新引擎。并且，由于其涉及的领域非常广泛，大有牵一发而动全身的趋势，因而引起各国政府的高度重视。我国自2009年国家出台《文化产业振兴规划》以来，文化产业呈现大众化、科技化、平台化、产权化、多维化发展，不仅核心文创产业如文学、音乐、表演艺术和视觉艺术快速创新发展，而且其他艺术形式如影视、博物馆等也迭代创新，并带动相关产业如广告、建筑等不断破圈。文化的创新、创造，不仅丰富了文化本身的内涵，也增添了文化的外在表现形式，使传统产业得以提升，相关产业得以赋能，旅游就是这样被文化赋能的新型产业。

裕智资本是2017年设立的专注于文旅和高端制造产业的私募股权投资基金，下设一个产业引导基金——湖州裕哲投资管理有限公司，总规模近20亿元，实投规模4亿多元。2017年设立之初，就投资了云南的湄公河旅游股份有限公司。

湄公河旅游是由金洲集团在云南普洱投资设立的。在早期的景区运营中，仅仅是走马观花式的观光游，很难使游客得到深度

① 本文系作者为参加2021年12月第五届天府文化论坛而作。

体验和满足，也无法长时间留客。为此，我们与人合作打造了具有地方文化特色和民俗风情的一部大型旅游歌舞秀——《勐巴拉娜西》。这部集傣族、哈尼族、彝族、拉祜族等民族传统故事、歌舞、乐器演奏于一体的歌舞秀，都是由当地民族艺人和艺术学校学生出演的，完全体现了民族风格和民族特色。不仅解决了晚上游客无处可去、无事可干的问题，还增加了演出收入、留客时间，平均游客停留时间由一天半增加到两天多。后来，我们又在澜沧江岸搞起了美食一条街、普洱茶展卖演示、少数民族工艺品专卖店等，购买了3艘游轮，夜游澜沧江，船上有吃、有喝、有演出，在两岸又开发了亮灯工程等。沉寂漆黑的澜沧江顿时活了起来，游客越来越多，停留时间也越来越长，人均消费增长得很快。

过去在景区，游客只能看看动物、植物、工艺品，品尝一下当地的民族特色小吃。后来我们在野象谷请来驯象师，让野象与人互动、表演，并且策划了一台40多分钟的演出节目，大获成功。在西双版纳原始森林公园孔雀河谷策划了一场孔雀表演。几百只孔雀从山谷中飞下来，在孔雀河畔展示、开屏，湖中船上少数民族姑娘载歌载舞，大大增加了游客的体验感、满足感，很多游客久久不愿离去。在西双版纳市区，我们完善了道路设施，沿街增设了饭馆酒店、民俗村等，美丽神奇的西双版纳终于成了云南乃至全国和世界的旅游目的地。

2008年，金洲集团有限公司在从西双版纳向北100千米的美丽的普洱，设立了云南湄公河集团，全面开发普洱旅游。先后保护性开发了占地面积达216平方千米的普洱太阳河国家森林公园、普洱茶马古道旅游景区、墨江北回归线标志园，收购开发了云南野生动物园等景区。为了使旅游活起来、更加生动，先后从非洲引进了犀牛、长颈鹿、长臂猿等动物并加以驯养，还驯养了小熊猫、蜂猴、孔雀、猫头鹰、啄木鸟等萌宠动物，将这些稀缺动物、萌宠动物培育、驯养打造成旅游IP，吸引游客观赏、打卡。在一些景区，还组织了由各民族青年男女参加的歌舞演出，丰富旅游内容，让游客在游览山水中体验民俗风情、品尝民族风味。在普洱太阳河国家森林公园非红线保护区建设了木质结构的小熊猫庄园，供游客居住。可以想象一下，在这每立方米含26000多个负氧离子，听着各种虫鸟的鸣叫，数着繁星进入梦乡的森林公园旅居，是一种什么样的体验……

2019年，我们在浙江湖州开发了湖州长颈鹿庄园，如今已成为网红打卡点，生意十分火爆，节假日一房难求。在2020年试营业期间就实现了盈利。

在打造旅游文化和塑造旅游动物IP的同时，我们也进行了文创产品的开发，如萌宠动物伴手礼品、陶瓷工艺品、酒杯等盲盒，以及图书、CD、书签、胶带等个性化产品和美食、灯光秀等。文创产品的创收能力不断提高，已达近千万元销售额。

我们是2017年以合伙基金的形式投资湄旅股份的。在投资之初，就考虑了基金的退出，与被投资方一起完成了设计湄旅股份的上市方案，聘请中介机构等一系列工作。在2020年，启动B轮融资，吸纳了福建旅游投资基金等机构投资者加盟，这些投资机构的资金投入和决策参与，大大加快了公司的发展和上市进程。

除了投资湄旅股份，我们还投资了《白鹿原》电视剧，3年左右赚了2倍多，回报还是非常丰厚的。也投资了一些名人字画、著名京剧表演艺术家的经典作品等。

文化创意产业内容丰富，表现形式多样，怎样投资、如何培育，我们有如下体会：

一是选择自己熟悉的门类及表现形式投资，切不可跟风追热点。由于团队核心成员多对文化的传统表现形式比较熟悉，投资也多倾向于此。

二是注重产品本身的内涵和创意、创造表现对消费者的满足感。好的作品不仅应该有丰富的历史文化内涵，创意及表现形式也应当切合时代，满足精神诉求和实用需求。

三是重视对人的关注。文化是一种创造、创意，是主要满足人的精神需求的，创业者的文化素养、创意水平、创造能力决定了产品的品质、美感及观赏性和实用性，所以投资对象的重要性不言而喻。

四是紧贴大众需求，重视市场，紧跟时代。认清“80后”“90后”和Z世代消费主体的消费心理和消费倾向变化，在重视历史文化的基础上，不断创造出有趣、有用、有艺术性的“潮”“萌”“酷”“搞笑”等流行作品。

五是关注科技发展。很多文创产品都是伴随互联网，特别是移动互联网、现代信息传播技术和半导体革命变化带来的创新表现形式。近些年，短视频和直播特别火，对传统视频平台造成了较大冲击，要跟上时代，踩准节奏，把握科技发展带来的文化表现形式和消费变化。

六是注重文创产品的传播运营和营销。在找对产品、立好IP的同时，要考虑通过怎样的方式把它传播出去，也就是要运营和营销。根据受众的不同创造故事，选好切入点，选择传播渠道。

七是警惕文创产业的资本泡沫。国内文创产业发展势头很快、范围广、估值高，投资泛滥，很多产品昙花一现。投资者一定要保持理性谨慎，特别是对于早期产品，切不可盲目跟风。

八是文创产品的品牌孵化需要时间打磨，需要长期资金的陪伴。要使品牌有持久生命力，更要不断地创新，深化品牌的内涵。

文创产业作为经济增长的新引擎，是人们不断增长的对精神生活追求的反映。文创产业存在大量的自我雇佣现象，能缓解经济下行带来的就业压力，政府应该在文创产业发展中有所作为。

一是制定支持文创产业发展的制度和实施细则，全面规划、突出重点、精准施策，如完善的法律法规、财税政策、人才待遇等。

二是在投融资方面予以支持，可设立政府文创产业引导基金，吸引金融机构和社会资金，聘请专业机构人士进行市场化运作管理。

三是在有条件的城市设立文创产品交易市场，使文创产品能合法交易，合理估值。

四是培育文创产业的第三方专业服务机构，确保投融资各方信息公开透明、真实可靠，尽量减少交易成本，降低交易风险。

五是重视文创人才的培养。设立培养机构，建立培养体系，实施人才引进和培养优惠政策，支持文创人员设立企业，发展壮大产业。

东亚的日本、韩国在文创产业发展上走在世界前列。日本素有“动漫王国”之称，根据日本动画协会发布的《日本动画产业报告2019》，日本动画市场2019年的产值达到25112亿日元。动漫产业已然成为日本的支柱产业之一。

韩国早在1997年亚洲金融危机时就提出“文化立国”方针，把文化创意产业作为重要的提振经济景气度的良药。2008年国际金融危机后，再次将文化产业作为经济增长的支柱。韩国的电影、电视剧出口非常好，特别是对我国观众的影响很大。虽然韩国这些年一直不统计这一产业，但早在2004年，其国内统计的文化产业产值就占GDP的6%以上，高于当时世界平均4%的水平。

我国的文创产业近些年发展较快，但相较于日韩仍显滞后，也意味着这一产业仍有很大的增长空间，对于创作者和投资者来说还有很多机会，希望通过各界努力实现产业的高质量快速发展。

# 村镇银行发展路径探讨[①]

根据延边农村商业银行（以下统称“发起行”[②]）董事会全年工作计划，发起行委派董事王天飞、李志海在村镇银行管理部岳磊总经理的陪同下，于2019年8月13日至23日赴昆明宜良融丰、福建云霄润发、福建东山润鑫、湖北远安金谷、衡水冀州丰源、雄县丰源等村镇银行开展调研工作。通过听取工作汇报、调研座谈等方式，两位董事对发起行在域外设置的村镇银行有了全面了解，认真研究了村镇银行发展中存在的问题，提出如下建议。

## 一、夯实基础，完善公司治理体制机制

村镇银行作为依法准入的新型农村金融机构，公司治理短板突出，要逐步健全“三会一层”的公司治理架构，重点做好以下几方面工作。一是以公司章程为统领，规范不同治理主体的权力边界，要进一步健全股东大会、董事会、监事会制度，完善落实议事规则，促进“三会一层”不缺位、不错位、不越位，相互制衡。二是村镇银行的公司治理架构具有小而精的特点，可以根据自身的组织形式、发展战略、资产规模、业务复杂程度及社区性银行特点，按照“简洁、灵活、有效”的原则，在基本的治理规范基

① 本文作者为王天飞、李志海，发表在《延边农商银行》杂志2019年12月，总第8期。

② 因延边农村商业银行为发起设立村镇银行的商业银行，故如此统称。

础上，积极探索集约化治理机制，既满足“责任明确、相互制衡、决策科学、规范运行”的治理要求，又要精简决策程序，缩短管理半径，充分发挥村镇银行治理机制新、市场反应快的优势。三是村镇银行可以通过培训不断提升董事、监事的业务水平及履职能力，通过组织调研、开展活动等形式不断提高董事、监事对村镇银行的关注度、参与度，促进科学决策、高效履职。四是要积极推进党建与公司治理的融合，不断强化党组织书记作为党建工作的“第一责任人”和“一岗双责”，从顶层设计上提升村镇银行内生发展能力，为实现长远稳健发展提供政治保障。

## 二、做实起点，打造差异化竞争优势

村镇银行作为新型农村中小金融机构，受环境、知名度、体量等因素的制约，短期内打开局面着实不易。当下，银行生态环境大变，传统的经营管理模式难以为继，必须在起跑线上确立核心竞争力，逐步形成差异化竞争优势。

一是有清晰的发展战略。村镇银行市场主体较弱，多数为零起点，加上经济发展环境影响，必须以稳健合规为主导，不能急功近利，不谋求做大做强，否则极易栽跟头、吃大亏。

二是要以集约化谋发展。村镇银行人力资源结构和质量都要有一个建设的过程，在基本的风控制约基础上，尽可能兼职安排岗位。要随着业务和管理需要配置人力资源，高管人员不能只“当官”不干活。

三是打造“小而美”特色银行。村镇银行是一级法人，决策链条短，船小好掉头，这是村镇银行最大的优势。要在经营实践中突出“小而活”“小而快”“小而精”，从而做到“小而美”，逐渐锻造“安全准确、简约快捷、灵活高效”的核心竞争力。

四是把服务营销做实。因为只有营销才能带来价值，在不间断、全覆盖培训基础上，建立健全服务管理、客户营销绩效考核的机制，网点建设注重“智能化”，把低柜业务、移动业务、线上业务、自助服务很好地组合起来，让厅堂和社区成为营销主战场。同时，根据业务场景，制定实施存贷款业务线下线上融合发展的策略。

五是实施人才培养战略。坚持本土化招人、用人、留人，在“招才引智”上，不能一味地盯住“高精尖”人才，还要着眼于培养，加速员工成长，满足发展需要。要高度重视企业文化建设，做“有温度的银行”。

## 三、牢记使命，致力于实现社会价值

村镇银行是为“三农”和小微企业服务的。基于定位约束、资本约束和使命约束，村镇银行必须要坚持做小、做散、做深，这是不能改变的。村镇银行要以“小而美”的精品银行为目标，牢牢坚守战略定位。一要牢固树立“立足县域、服务社区、支农支小”的市场定位，贯彻执行“回归本源、专注主业”要求，坚持“小额、分散”的信贷原则，创新探索“支农支小”商业模式，将乡村振兴战略与当地产业结构和地域特色相结合，以“工匠精神”深耕农村市场，稳扎稳打，做优主业。二要积极创新，发展普惠金融。在坚持本土化、特色化、专业化的经营导向的基础上，更注重满足个性化、差异化、定制化的需求，针对“三农”和小微企业特点，创新金融产品和服务，拓展服务方式，延伸服务网络。要寻找大行不愿做、不想做、忽视做的领域和客户，开发适应性较强的特色产品，填补服务真空。三要履行社会责任，普及金融知识。充分发挥村镇银行小、快、灵的特点，在金融知识普及、促进农村金融消费者权益保护等方面占领一席之地，提升村镇银行的美誉度、知名度。

## 四、运用金融科技，赋能更好更快发展

伴随基础通信技术快速成熟和提升，大数据、移动支付、人工智能、云计算等新技术应用成本不断下降，发起行要有所作为，为村镇银行运用金融科技、发展数字普惠金融提供较好的技术服务。一是积极打造移动端服务水平，拓宽金融服务覆盖面。通过便携式移动服务设备，大幅提升县域的金融覆盖和服务效率，完成数字化信息记录。二是优化村镇银行系统建设，加快产品开发，完善系统功能，提升客户体验度，提高村镇银行的客户黏合度。三是提升风险防控能力。通过将沉淀数据、外部数据和非结构化数据纳入分析范围，与云计算、人工智能等技术应用相结合，能更精准地识别和控制客户营销，反欺诈，风险预警，供应链金融、小微信贷和数据安全等领域风险。四是降低金融服务成本。通过科技手段创新对“三农”和小微客户的信息采集与信用评价方式，有助于解决农户和小微企业信息不对称、不充分的问题，扩大银行的服务场景，提升金融产品供给的多样性，降低金融服务的门槛和成本。

当前，中国经济已由高速增长阶段向高质量发展阶段转化。县域也正处在供给侧结构性改革与实施乡村振兴战略的对接与动能转换阶段。村镇银行应利用自身优势，抓住外部机遇，提前看到改革的蓝海市场，抢先占位，积极布局与开拓农村金融市场的新领域，创新发展模式，扩大服务覆盖面，填补金融服务空白点，提高自身的成长空间。相信由发起行设立的村镇银行在新时代新经济发展大潮下，必将日新日高，大有作为。

# 证券二级市场的投资经验与方法探讨①

## 一、价值投资中长期持有

价值投资是被实践检验了的二级市场股票投资的有效方法。价值投资就是选择伟大的企业及伟大的企业家，陪伴他们一起成长，在发现和创造价值的过程中分享其发展的红利。

价值投资的核心是发现价值，发现价值就有一个“眼光”和“标准”的问题。判断一个企业是否具有投资价值，至少应当考虑4个方面：一是企业的创始人和核心创业团队具备企业家精神，具有“狼性”。讲规则能团结协作，有韧性能持之以恒。投资就是投人，所以首先要看创始人。二是看企业的商业模式。看商业模式是否独特，是否有核心内涵，是否符合逻辑，能否持久。三是看企业所处的行业是否有成长性，是否是朝阳产业，以及在产业中是否处于核心环节，是否具备广阔的市场空间等。四是这个企业在资本市场上的表现如何，是否愿意与股东分享收益，分红派息的频率如何，能否为投资者创造超额回报等。

只有伟大的企业家才能造就伟大的企业，只有伟大的企业才能创造无限的财富，使投资者在陪伴成长中分享其红利。

① 本文发表在《市场观察》2019年11月，总第787期。

价值投资中应坚持中长期持有，即投资3~5年，甚至更长时间才退出。成长的价值需要时间培育，像巴菲特那样坚持几十年持有可口可乐。好公司会创造你意想不到的持续高回报，所以一定要有耐心。

## 二、二级市场股票长期投资的3个变量

约翰·博格尔（John Bogle）根据奥卡姆剃刀原理推导出二级市场长期投资3个变量：初始投资的股息率、随后的企业盈利增长率、投资期内的市盈率变化，是股票长期投资的基本盈利模式，所有做中长期投资的都必须研究分析判断这3个变量。

初始投资的股息率，即企业分红派息率，是投资者无风险收益的来源，一般会与同期的国债收益率或定期存款率进行比较。这也是看上市公司是否回报股东的重要标志。随后的企业盈利增长率，主要看企业的主营业务和净利润等经营财务数据的变化情况，是企业成长性的重要标志。投资期内的市盈率变化，就是市场给上市公司的估值溢价。

这3个变量的内在关系、变化逻辑、演变趋势，是决定中长期投资回报的根本。

## 三、二级市场证券投资的思考维度

在明确了价值投资的战略和股票市场长期投资盈利模式之后，我们进入思考的第三层次，即股票投资的思考维度。博格尔强调的风险、回报、成本、时间是股票投资应有的4个思考维度，我推崇备至，多年的股票实操经验证明它是正确的。第一维度是风险，分析资本市场的风险在哪里，如何规避。第二维度是回报，明确

资本市场的回报模式并确定投资的回报率。第三维度是成本，二级市场证券投资的成本如交易成本、管理成本、税收成本等，如何做到让自己的成本最小化。风险、回报、成本是股票投资永恒的3个维度。第四维度是时间，时间会改变所有的一切，投资时点把握至关重要，好的企业投资如果在时点上把握不对也可能失败。

按照上述4个维度思考，从股票资产配置和行业选择上来规划风险和收益，可选择3个投资行业。一是高科技创新型企业。高科技创新型企业是顺应国家发展战略，代表未来生产力发展方向的战略性新兴产业。在这一大的产业领域下，精选5G及信息通信、集成电路、人工智能、生物医药等子领域中掌握核心技术的企业，如中兴通讯、澜起科技、智飞生物等。该类企业往往具有较高的成长性，市场给予的估值溢价也较大，同时伴随着风险。二是大众消费类企业。该类企业是所有行业和企业中最终面向市场和客户的，是终极产品的供应商和终极服务的提供者，消费者和客户可直接感知。世界上多数伟大的企业都出自此类行业，如苹果手机、贵州茅台、中国平安等。三是公共事业类企业，该类企业是所有行业里最稳定的，不管处在什么样的经济情况下，经济周期如何波动，消费者还是要用水、电、煤、气、通信等。我们在配置资产时要配置一定的上述稳定且兼具成长性的资产。

风险、回报、成本与行业选择和资产配置有一定的内在逻辑。在科学设定风险回报率后，就基本确定了行业选择和资产配置的比例，如为兼顾高回报与资产相对稳健，我们可以选择高科技及创新型企业配置40%，大众消费类和公共事业类两个行业各配置30%。

怎么降低成本则要在操作上加以考虑，如在操作上尽量采取长期投资，不做频繁的买卖，减少交易次数会减少交易的成本，同时也可以规避税收等。

对于具体股票的选择，按行业的不同有严格的经营和财务指标的设定，以确保获选企业的成长性、内生价值等符合设定的标准要求。

## 四、独特的操作方法

### （一）低中高位价格区间划分

任何一只股票在给定的一段时间内（如一季度、半年、一年等）都会有低中高价格区间，买入股票最好是在低价位区间而避免高价位区间。这是因为即使是价值投资中长期持有，当你买贵了也可能在相当长的时间里赚不到钱，甚至被套牢。这是所有投资者都应该避免的。

如何判断低中高价格区间？比如在一年的区间里，观察一只股票的振幅（低高位区间），用振幅除以3就得出一个价格，原始低位价格加上1/3、2/3、3/3振幅就是低中高位价格。

如果我们在低位区间买入这只股票并持有，是相对安全的，在中间区位买入也可以，但在高位区间买入风险就相当大了。有人会说如果在未来该股票继续不断创新高呢？这种可能也有，但要依据其经营财务数据来判断继续创新高的概率有多大，以及其持续的时间会有多久。以股票一年时间为周期，可以选取3年来分析其低中高价格区间，看其低位价格与高位价格是抬高还是下降，振幅是扩大还是收窄，并与企业经营财务数据对照分析，探索其关联性和变化规律。坚持长期这样的分析判断，就会获得有价值的操作经验。

### （二）当下股价的把握

判断企业股票在某一个时点上是向上还是向下是很难的，但是趋势是可以判断的，可以用经营财务指标反推其走势。如果指标出现恶化，就可以知道股价可能在高位，如企业主营业务收入、毛利率、净利润下降了，股价就可能从高位跌到中位或者是低位区间。

## （三）价格终将回归价值

市场永远是有效的，价格围绕价值波动。出现价格偏离价值的情况也有，但是偏差最终会得到修复，市场出错的时候也是我们买入或卖出的绝佳机会。对于股票的价值，在给定的经营指标下，一定会在二级市场上对应一个价格，根据不同时点上的经营财务数据所对应的价格连线，就形成了股票在一定时间段的价格曲线，我们可以通过价格曲线的斜率判断趋势。选取时点上两个对应价格的中间连线，构成价值中间线。价值中间线是关键，是市场在某个时点上给股票的估值。分析的时候观察市场价格与中间线相比是在上区间还是下区间，高估了价格会下跌，低估了价格会上涨，最终会回归价值中间线。

## （四）科学建仓

在划分了低中高价格区间后应该怎样建仓？一般情况下应分次建仓，如最好分3~5次。每次建仓间隔几天、几十天、几个月不等，建仓后持续观察股票的价格变化，判断趋势，确定操作。每次建仓价差可根据特定股票低中高位区间价格进行具体判断，大致为前一次买入或卖出价格的1/7~1/5差额。建仓一定要有耐心，学会等待，好价格是等出来的。

## 五、小结

价值投资中长期持有关键是价值发现和价值再造，持续关注股票长期投资的3个变量的变化规律，从风险、回报、成本、时间4个维度思考，进行行业选择和资产配置，严格选股标准，确保选择优秀的企业陪伴成长，分享收益。严格按照科学独特的操作方法进行买入卖出操作。

# 信政合作转向城投、交投、水务公司[①]

2013年，泛资产管理大爆发、地方平台融资整顿背景下，信托公司下一步做什么业务备受关注。

新华信托副总裁王天飞认为，“近期四部委联合发布的463号文[②]，就是要阻断一些不能独立自主运营，没有完备现金流覆盖的地方平台随意融资”。

在463号文影响下，目前信托合作的政府类公司已经发生变化，主要转向现金流覆盖的城投、交投、水务公司等。

对于信托结构的变化，王天飞认为，信托业务将慢慢由融资类信托为主，转向投资和资产管理类信托为主，然后把投、融资结合设计出风险不等的信托产品，提供给不同风险承受的委托人。

## 一、信托仅剩的自留地：直接融资

《21世纪》：2月17日，保监会[③]正式公布《中国保监会关于保险资产管理公司开展资产管理产品业务试点有关问题的通知》，标

---

① 本文刊载于《21世纪经济报道》2013年2月20日第11版“金融投资”。作者时任新华信托股份有限公司副总裁。

② 即财政部联合国家发展改革委、人民银行和银监会等四部委发布的《关于制止地方政府违法违规融资行为的通知》（财预［2012］463号）。

③ 2018年，根据《国务院机构改革方案》，组建中国银行保险监督管理委员会，不再保留中国保险监督管理委员会。

志着保险资管开闸，信托公司压力大吗？

王天飞：现在券商、基金、保险刚开始做资产管理业务，迅速扩充规模是首先要考虑的，因此肯定会比较积极地和银行合作通道业务，这一块信托公司压力不言而喻，不过所幸的是，通道业务是没有多少收益的，现在收益只有千分之几，甚至万分之几。

同时，此前券商、基金优势在于场内业务，对实体经济相对陌生，也缺乏人才，因此，他们短时内想把自主管理的业务做起来，还是比较困难的。但现时压力肯定有，最主要的是信托公司专营和垄断地位失去了。

《21世纪》：在泛资产管理背景下，信托还有多少自留地，哪些业务是其他机构不能做的？

王天飞：现在看来，除了直接融资以外，基本信托业务券商、基金都可以做了，包括收益权等。

所谓的直接融资，可以看作对实体经济直接贷款支持。信托做这块业务是有比率限制的，这块可分为集合信托和单一信托两类融资业务。前者是比较赚钱的，而单一委托人的业务就是相关方把项目和资金都找好了，利用信托的平台进行贷款发放。

《21世纪》：这一块在信托收入中占多大比例？

王天飞：目前来看，这一块业务收入占比最多20%。但如果把变向融资算进来，比例就大了。

《21世纪》：2013年，除了金融同业，信托的挑战还来自集中兑付下风险的控制？

王天飞：从理论上讲，信托的风险主要是流动性风险。但实际上，这几年信托业发展太快，出现实际风险，也是有的。风险控制一方面要找到合适的合作伙伴和好的项目，另一方面是要筛选合格的信托经理，掌握和管理好项目，要有资产管理的专业水平和责任意识。这几年信托业高速发展，经理人的专业水平和职业道德都在下降，这是行业的大问题。

《21世纪》：通道业务一度为信托公司的扩充规模利器，现在在券商资管等同业竞争下啊，信托公司将如何应对？

王天飞：据我估算，此前，单一信托（包括银行通道业务）占整个信托规模的比例应该有30% ~ 40%，但其中大部分是通道业务，比如与银行理财资金对接，这类业务银行资金与信托产品是一种错配，短资长用。银行收入固然很高，但遇经济结构调整或利率变化等情况，短期理财资金难以募集或项目出状况，则会出现资金链问题，风险是很高的。对信托来说，也不赚钱，现在此类业务已被叫停。信托业务以后肯定会逐步转换到自主管理这一块。

## 二、房地产信托平均收益：下降到2%左右

《21世纪》：房地产信托一直是规模主要构成部分，但也经过多次政策收紧，目前信托公司如何看待此类信托？

王天飞：信托天然地和房地产行业比较契合，信托融资成本比较高，一般没有很高收益的行业，承受不了这么高的成本，对于前几年的房地产行业，恰好可以接受这个成本。

最近两年，房地产行业遭遇严厉的调控，但并非说房地产信托就不能做了，因为房地产是一个很大的概念，有住房、有商业地产和旅游综合地产，还有保障房等。因此信托业是绕不开房地产行业的，只能说结构调整。这方面的研究是欠缺的。

《21世纪》：信托公司做房地产项目的收益变化明显吗？

王天飞：对于房地产信托，此前信托公司的平均收益4%都不止。目前，平均收益基本在2%左右，逐渐回归理性。

《21世纪》：房地产信托目前主要是融资类信托，以后结构会变化吗？

王天飞：房地产信托要想做深，应该偏向于投资，可以夹带融资。现在已经有信托公司呈现这个趋势。据我了解，杭州工商信托业有些投资类房地产信托的委托人收益可以达到20%～30%，委托人就达到了超额回报。

现在新华信托的房地产信托从业务量上看，已算不少，如果人员建设跟上的话，当然优先选择投资类这一类。

《21世纪》：媒体报道，新华信托最近牵头收购美国国际集团（AIG）旗下国际租赁金融公司的股权，具体情况是怎样的？

王天飞：并购从机制上来讲，就应该由信托来做，因为信托的机制比较灵活，作为牵头机构比较合适。这也是信托下一步的业务方向。新华信托一直在申请合格境内机构投资者（QDII）业务，信托公司作为资产管理和财富管理的机构，业务不光是在国内，也要涉及国外。

# 34家基金子公司近半开张 低价通道业务先行[1]

自2012年底首批基金公司子公司拿到批文，截至目前，已有34家基金子公司获批。“因我们成立基本都在半年内，整个基金子公司还没有一个协会，凝合和宣传都不足。我也和其他几家公司负责人聊过，普遍面临一个困惑，就是客户对我们行业不熟悉，谈业务前往往要自我介绍很长时间。”德邦创新资本有限公司总经理王天飞称。德邦创新资本为复星集团旗下基金子公司。

目前已获批的基金子公司并没有如信托、证券、基金等机构统一命名，部分叫资产管理公司，部分叫资本公司，识别度相对较低。

多位资管人士表示，目前获批的基金子公司已开始做业务的有十几家，大部分依赖母公司做通道业务，面向市场做自主管理业务的基金子公司仅有几家，还处在初步发展阶段。

王天飞认为，德邦创新资本上半年已发行两款自主管理类信托，其中一个项目为旅游地产，对方抵押担保评估价10亿元，仅融资2亿元。“一个新超市开张，必定物美价廉先吸引客户，相对于信托公司，我们就是一个新超市。”

---

① 本文刊载于《21世纪经济报道》2013年8月5日金融版块。作者时任德邦创新资本有限公司总经理。

## 一、业务大分化

按照经营范围，基金子公司可以做股权、债券、收益权等业务，仅从功能看，业务领域可能比信托还要宽泛。

但目前基金子公司往往专攻一个领域，比如民生加银基金等银行系公司基本是通道业务。总体看，基金子公司目前业务集中于“类信托”业务。

对此，王天飞分析，银行系基金子公司通道资源优势明显，开业后先上手的肯定是这类业务，以后可能再转向自主管理业务。此项业务规模上发展较快，民生加银基金的规模已接近500亿元。

不过，目前基金子公司通道业务收费很低，甚至低于券商资管通道费用，只有千分之几，甚至万分之几。

通道业务不仅集中于银行系基金子公司，一些实力强劲的基金旗下子公司，如博时基金子公司和嘉实资本，通道规模也已不小。

此外，已有几家基金子公司开始做主动管理类业务，这部分子公司往往母公司通道资源相对少一些。以德邦创新资本为例，其直接母公司为德邦基金，该基金成立时间只有一年多，也处于发展初期。

“但复星集团产业资源、投资经验丰富，这是其他基金子公司不具备的。”王天飞称，未来德邦创新资本将主要做专项基金，其间可以借助复星集团在产业和投资上的人才、资源、经验优势。

在王天飞看来，专项基金也是未来基金子公司树立行业竞争力的方向，模式与美国共同基金类似，如可以和政府共同就智慧城市合伙发起基金，也可以是中小企业产业基金、并购基金等。

## 二、风控风格迥异

除了“类信托”业务，基金子公司在和券商、基金直接竞争的上市企业股权投资、质押等业务方面开展较少。

“短期内，基金子公司人员主要来自信托，更倾向于类信托业务；另外，基金子公司也会错开和母公司的直接竞争。”王天飞称。

在风险控制上，基金子公司也风格迥异。目前一些主要做通道业务的基金子公司，如部分银行系子公司，业务主要由母公司代为把关，子公司负责风险控制工作较少。部分业务可以看作银行发行了相关产品，子公司代为管理。

此外，基金子公司由于人员较少，还未明确区分前中后台。“相对于信托公司，并不能说基金子公司风险控制弱，子公司新成立没有什么历史包袱。信托此前形成的一些风险，基金子公司也已学会规避。”王天飞称。

以主动管理起步的基金子公司则普遍选择建立自己的风险控制团队，以德邦创新资本为例，其设置了前台4个部门，中台2个部门，后台2个部门，中后台有专门的团队负责风险控制。

德邦创新资本也会借助复星集团产业背景来做风险控制，如在做第一单旅游地产项目时，复星集团旗下复地集团有地产专业人士参与项目风险甄别。

## 三、股权激励先行

目前已有近10家基金子公司对员工实现了股权激励，包括华富基金、东吴证券、国泰航空、易方达基金、德邦基金旗下的子公司。“基金子公司是新事物，开始就是靠人，以后才能靠品牌。

如果招不到合格的领头人和核心团队，开业做业务都困难。其实现在真正接受市场检验、面向市场做业务的基金子公司也就几家。”王天飞称。

因此，囊括股权在内的良好激励机制的重要性不言而喻。以德邦创新资本为例，其人员主要来自上海国际信托投资有限公司、中海信托股份有限公司，也包括从浦发银行、中国银联、德勤招来的员工。

“我们招的都是资深人士，如有银行二级部门副总，所以薪酬比一般信托公司要高不少，同时核心团队会有股权激励。”王天飞称。

目前多数基金子公司处于大规模招兵买马阶段，建章立制、招人、配置硬件设备，通常需要3 ～ 6个月。

同样紧迫的还有产品销售渠道的打开，今年商业银行收紧了代销渠道，对代销做了重新审核，规模较小的基金子公司产品基本无法进入银行代销名单。

“大的基金公司靠基金原始客户，银行系优势更明显，但大部分基金子公司在营销上有一些困难，培育市场和客户需要一年甚至更长时间。”王天飞称。

一些基金子公司起步的自主管理项目，部分还需要依靠招聘过来的领头人原有黏性客户的资源，同时伴随以诺亚财富这样的第三方机构。

目前，监管机构尚未对基金子公司做资本考核，但资本偏少仍然是这个行业接下来要面对的问题。据统计，目前基金子公司注册资本最高仅1.25亿元（以民生加银增资后资本），多数子公司注册资本在5000万元以下，甚至不少为2000万元[①]。

① 本数据为德邦创新资本内部统计参考数据。

对于资产管理行业来说，一般起步价也要在1亿～2亿元，不少公司今后发展中，必将面临业务量与注册资本不相匹配问题。对此，民生加银已于近期增加注册资本，成为首家增资公司。

“我们也在跟复星集团商量，明年以后开始进行增资，至少增资到1亿～2亿元。遇到临时性的流动性问题，我们就可以自行解决。”王天飞称。

下篇

# 实战感悟篇

# 第一桶金

1993年，在浙江省人民银行金融研究所工作的老乡向我推荐000001深发展股票。那是一个深秋的晚上，我请他到家里吃饭，边喝酒边聊起了股票。他说，今天你请我喝这么好的酒，又做了好菜，我也不能白喝你的酒，给你推荐一只股票——000001深发展，保你十年翻十倍，赚了钱别忘了再请我喝酒！记得这位仁兄当时刚刚辞职出来，拿了七八万元补偿。他说要全买深发展，赚个百万元回来。因为他是学金融的，又经常在《金融研究》等国家级期刊上发表文章，所以他的话我是认真听的。后来我自己经过研究，觉得也可以买，就把股票账户中的5万多元全部买了深发展。刚买入时，正赶上深发展进入下行通道，连续下跌，最大跌幅接近45%，账面损失近一半，对我这个没多少钱的人来说确实"压力山大"。但我那朋友一直给我打气，我也认为深发展本身是个好企业，有前景，索性放着不动。只在1997年上半年高点附近卖过一次，后来又买回来，算是做了一次差价。这期间1994年每10股送2股派发现金3元，1995年每10股送5股转增5股，1996年每10股送5股派发现金2元，1999年每10股派发现金6元。大约到1999年，我的股票账户上的深发展市值已达100多万元。因为当时要买房子，同时也准备出来创业，于是就陆续开始卖出，花了50多万元买了杭州市中心的房子，又拿50万元于2003年去上海创业了。这是我在资本市场上赚的第一桶金，也是我人生中赚的第一个100万元。

我的那位老乡，一直持有深发展股票10多年，赚了几百万元才卖出。后来他用赚来的钱在杭州买了两套150平方米的房子，又买了一栋别墅，还创办了一家电商企业，成了老板。

我为什么买深发展又放了七八年不卖呢？理由有这么几点。一是深发展是当年深圳股票市场的龙头股，这从其代码000001就可以看出。当时市场上有“南发展北长虹”之说，说的就是深圳市场要看深发展，上海市场要看四川长虹——一家生产电视机的企业。我的原则是投资股票就要买龙头股。二是深发展是一家银行企业，是从事金融服务的，也是我工作的老本行，当时我在工商银行工作已有10年，对银行的业务、盈利模式、发展前景是十分熟悉的。俗话说，做投资一定要做熟悉的。三是深发展地处深圳市，一个改革开放的前沿引领城市，经济处在快速发展中，银行业一定会快速发展。

以上3点，使我决定买深发展，并长期持有。只可惜后来没有追加投资，并且卖出得也过早。如果能再持有10年，就能赚上几千万元！（见图8）当然，这世上没有后悔药可买的。

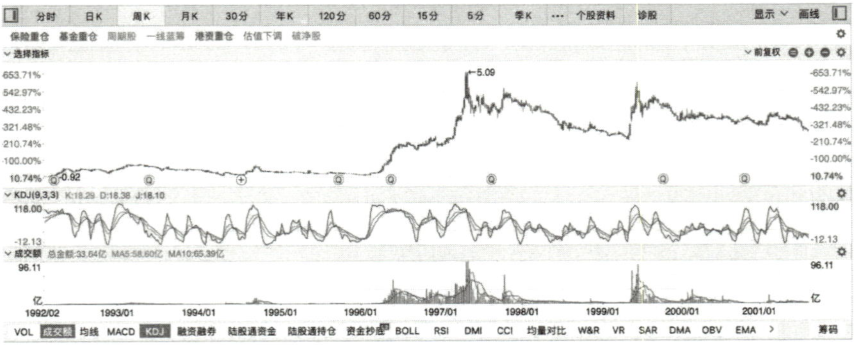


图8 平安银行（原深发展）周K线

资料来源：同花顺

# 赚了100倍的原始股投资

大约在2003年底，一位律师朋友找到我，说有机构因急于用钱，愿意出售手中兴业银行的原始股，价格可以商量。于是我们一起见了卖主，了解基本情况和大致价格后，因总价款约8000万元，我便马上向信托公司（当时我在信托公司做副总）董事长汇报。根据当时兴业银行每股净资产低于1元的情况，其交易价格也不会高于1元面值。但董事长表示公司资金紧张，无法做这笔投资，这事就放下了。

2004年初，这位律师朋友又来电话，说价格大概每股0.8元就可以成交。我认为这个价已经是低于净资产价格了，在当时银行业整体发展向好的情况下，是一笔划得来的买卖。于是又找董事长，董事长还是那句话，资金紧张，没钱买。于是我就想，可以在市场上找买主，做笔投资顾问业务不是很好吗？如此我便向一些熟悉的朋友介绍。

有一天正好参加金融圈朋友聚会，一位福建做食品的老板听我说起兴业银行股权投资的事，很感兴趣，因为兴业银行是福建的地方银行，他又是福建人，对该银行也很熟悉。于是我们商定约卖主见面。过了几天，我做东请他们双方见面，气氛融洽，当时就拍板定下来。第二天双方来到我的公司，签了买卖协议，以每股0.8元的价格买入8000万股兴业银行股份，共计出资6400万元。买卖双方非常满意，各自给了我们公司30万元，所以我们也赚了60万元的中介费。这事就此告一段落。

过了五六年，当年买入兴业银行原始股的福建老板突然给我打电话，说要请我吃饭，见面后他从包里拿出一张卡交给我说，这是送给你的200万元酬金，感谢你当年介绍我买了兴业银行股份。2007年兴业银行上市，现在我卖出一半，套现了30亿元，还有近亿股，30亿元左右市值。我做了一辈子食品生意，一共赚了不超过5亿元，现在一下子变成了几十亿元，真的就像做梦一样！我说，你赚钱就好，这笔钱我不能要。那天晚上，我俩每人喝了一瓶30年的茅台，又唱了歌，他不断地用闽南语唱着闽南歌曲——《浪子的心情》《爱拼才会赢》……看得出他非常开心。以我对他的了解，他平时很少喝高度白酒，那天喝了这么多，还能唱歌，可见心情也决定酒量。

这是我职业生涯中，帮人家赚钱最多的一次，那感觉比自己赚钱还开心！

这个项目，对信托来说，也是应该总结的。当时虽说公司自有资金有限，无法投资，但信托公司如果真要投，还是有办法的，只可惜当时没有仔细斟酌。

对于福建食品老板来说，他当时正好有闲钱，按他本人说法，就当是存在银行了，而且当银行股东总比存在银行好，既可以分红，又能享受未来增值，就当把这笔投资留给子孙了。以这样的心态投资，就能看得长远，守得住寂寞。赚钱便是自然而然的事了。

所以说，赚小钱靠勤奋，赚大钱靠机会。

# 3个典型私募股权投资范例

## 一、长光卫星技术股份有限公司

长光卫星是一家集卫星研发、制造、测试、发射及应用开发于一体的全产业链公司，依托“星载一体化”等核心关键技术，成为我国卫星制造和商业航天遥感领域的一面旗帜。公司通过17次发射，将70颗“吉林一号”卫星送入太空，建成了目前我国最大的商业遥感卫星星座。公司于2021年成为东北地区唯一独角兽企业。裕智资本于2020年10月投资1亿多元，成为长光卫星的主要股东之一。

长光卫星属于顶级公司，是卫星制造和航天遥感两个赛道的龙头，当初得知其Pre-IPO轮融资的消息时，距离其融资结束只剩一个多月。我们立即派人展开尽职调查（以下简称“尽调”），撰写尽调报告，上会决策，制作推介材料，快速展开推介，最终以1亿多元的成果，通过成立合伙企业、基金备案完成投资，快速而高效。

尽调时发现长光卫星还处于较大的亏损状态，而且投前估值47亿多元。那么为什么我们坚定地投资呢？主要有3点：一是长光卫星诞生于中国科学院长春光学精密机械与物理研究所（以下简称“光机所”），这是我国光学第一大所。长光卫星的团队是其老所长宣明带领40多人从长春光机所走出来的，并且光机所以其

裕智资本与长光卫星签约仪式，前排左为王天飞，右为宣明

技术出资入股，吉林省人民政府所属企业以现金出资入股。这样的技术和国资背景，再加上杰出的团队，是保证成功的关键。二是其所处的赛道为航空航天领域，是国家“十四五”规划和2035年远景目标的重点支持发展产业，大趋势是好的。三是估值适中，可以接受。有了这3点，裕智资本就毫不犹豫地决定投资。事后证明决策是对的，该轮融资长光卫星计划融资14亿元，结果超募至24亿多元，并且长光卫星在2021年成为东北地区唯一的独角兽企业。

## 二、零壹空间

投资长光卫星后，裕智资本很想在航空航天领域深耕下去，于是决定找一家火箭公司投资。正巧碰上了零壹空间对外募资，通过朋友介绍认识了其创始人舒畅董事长。这位“80后”毕业于北京航空航天大学，后在北京大学光华管理学院读了管理学硕士研究生，毕业后先后就职于中国航天科技集团航天产业基金和联想集团，后来与人一起创办了蓝箭航天，现在与大学时的老师马超博士一起创办了零壹空间。这样的连续创业，作为一个“80后”，可见其胆识、勇气和精神。

裕智资本与零壹空间签约仪式，前排左为舒畅，右为王天飞

与舒畅的见面非常愉快，他向我们介绍了自己的创业经历，也介绍了如何说服老师一同创业，并详细说明了公司未来的发展计划等。我们听后非常认可，决定马上尽调。但在决策过程中，内部还是出现了分歧，负责风控的副总持反对意见，认为固体火箭不是真正意义上的火箭，而且公司经营数据一般。后来经过反复尽调，认为公司2015年成立以来，团队孜孜以求，殚精竭虑，已完成火箭发射4次，累计上百次火箭发动机点火试车，其发射和点火试车次数均为行业第一，并且是国内首家取得军工四证牌照的民营企业。公司致力于打造信息化、智能化、实战化的“火箭+”产业服务平台，已开拓零壹火箭、零壹电子、零壹动力三大业务板块，完成了灵龙等五大系列运载火箭关键技术研发、测试和发射等试验。公司以低成本小型运载器的研制、设计及总装为出发点，积累经验和资源，最终目标是成为世界一流的航天技术公司的发展战略，最终说服了持反对意见的副总，实现了对零壹空

间的投资。零壹空间在2021年被评为准独角兽企业。

## 三、湄公河旅游股份有限公司

湄公河旅游是国内著名的旅游企业。由金洲集团于2011年在云南普洱相继开发的普洱太阳河国家森林公园、小熊猫庄园、普洱茶马古道景区、墨江北回归线标志园等景区组成。1995年，金洲集团俞锦方董事长还在西双版纳开发了西双版纳野象谷、西双版纳原始森林公园、西双版纳州勐景来风景区、基诺山寨等景区，并收购了云南野生动物园，这条线路已成为热门线路。2017年，湄公河旅游响应浙江省委省政府“浙商回归”号召，在浙江湖州开发了湖州长颈鹿庄园，如今已成为网红打卡地。湄公河旅游被评为中国绿色旅游引领者。

王天飞先生（左一）出席湄公河旅游股份有限公司董事会

裕智资本于2017年中接触该项目，正值国家文化旅游大发展时期，湄公河旅游也迎来了快速发展的黄金时段，当时的估值不错，而且有上市预期，于是我们在2017年底至2018年初，经过严格尽调和决策，投资8000多万元资金，占湄旅股份12.5%，成为第二大股东。2017—2019年，公司分别实现利润5000多万元、6000多万元、7000多万元，正当形势一片大好上市可期时，突发新冠肺炎疫情，整个旅游业受到极大冲击。湄旅股份2020年出现2000多万元亏损，2021年虽扭亏为盈2500万元，但2022年上半年受到二次疫情冲击，上半年亏损2000多万元，下半年七八月份又扭亏为盈。所以，我们坚信，疫情终会过去，旅游业一定会迎来光明的未来！

这些重要项目的投资，奠定了裕智资本在旅游和高端制造领域的投资地位。公司被评为2019年中国私募基金影响力品牌100强，同时王天飞先生也被评为2019年中国私募基金年度先锋人物。公司还被吸收为中国旅游协会地学旅游分会首届理事单位。

# 一个项目投资的成败得失

2014年初，我的一位在央企区域公司担任总经理的朋友告知我，他已经辞职去一家民企的深圳城市更新项目负责人，希望有机会能够和德邦创新资本合作。经了解，因深圳土地供给紧张的原因，政府公开拍卖的土地非常少，而大量的“老旧”工厂和旧村落又亟须改造。作为中国改革开放的前沿城市，深圳市率先以完全市场化的方式进行“城市更新”建设，即政府只负责城市片区的单元规划和更新项目的合规性审核，旧城改造的拆迁补偿、项目立项、专规批复等手续办理完全由旧工厂或旧村落按照政府规定自行办理，政府只管“审核”而不参与。作为曾经深度参与过房地产开发的金融人士，我当时虽看好此项目，但由于此项目是一个“旧改”项目，实施过程会面临大量的安置、赔偿等问题，周期会非常漫长。而且当时作为工业用地，也无法用于抵押。即便可以抵押，价值也很低，难以融资，所以就放下了。过了半年多，这位朋友又和我联系，告诉我项目已经取得阶段性成果，由于后续还需要大量资金，所以希望与知名企业合作开发。希望我帮忙联系复星集团，看看双方能否合作。因项目占地近7万平方米，在深圳属于较大的地块，于是我联系了郭广昌董事长。郭董听说后很感兴趣，双方开始洽谈，其间郭董派汪群斌总裁和复星团队去深圳现场考察项目，进一步了解深圳城市更新的政策，并责成我参与此项目，当时我在复星集团德邦创新资本做总裁。协商后，决定由德邦创新资本牵头，以房地产基金方式投资，双方签署了意向投资协议。后来，我还陪郭董分别在中山市和上海市两次会见了“旧改”项目方的实控人，可见郭董对此的重视。

照片左起：伍维国、郭广昌、王天飞

记得从中山回广州白云机场的路上，郭董跟我说，一个小型的非专业民营企业，看到深圳房地产市场这样一个机会，敢于抓住机遇并压上所有的“身家”去拼搏，如果项目成功，他们的财富会得到巨大的增值。我为郭董的商业敏感度所折服。后来由于种种原因，这个项目没有合作成功，复星地产也失去近30亿元的收益。但深圳朋友一直通过借款，坚持到“旧改”项目完成规划审批，并最终卖出此地块，获得了巨大收益。这个项目对我的触动和影响非常大。他们之所以能成功，主要有以下原因：一是深圳“城市更新”政策是按照完全有效的市场化在实施，“人为”因素极少，并且“城市更新”与市场化拍卖地之间有较大的价格空间，一旦成功确实获利大；二是项目实控人和运作团队的坚持！记得在郭董的专机上，他曾问我，如果是你处于他们的境地，你敢不敢干？我回答，不敢。郭董说：为什么？我回答：风险较大。郭董笑着说：所以你成不了大老板！我想这也许就是命运或性格使然吧。

我参与的另一个项目所在地是吉林长春。2013年底，两位长春的房地产开发商老总来上海找我，谈一个项目的融资或合作开发。当时房地产处于周期性的低谷，两位老总却要在长春拿个1000多亩地的大项目开发。为此，我特意去了趟长春，看了项目，了解当时的市场情况，结论是不能做。但他们后来还是坚持做了这个项目，并且开发了100多万平方米的住宅，但是销售非常不理想，虽然2016年后有一个房地产高峰期，受制于各种原因，项目成了准烂尾工程。此项目不仅将两位老总历年积蓄的30多亿元搭了进去，还负债近10亿元，项目彻底拖垮了两位房地产大佬。

这两个案例告诉我们，成功与失败，都是有底层逻辑的。顺应了逻辑去拼搏，成功概率就大；违背了趋势和逻辑去押注，尽管再努力，失败也在不远处。可见看懂趋势和逻辑是多么重要！

同时，我们也看到了深圳和长春两地营商环境的差别。深圳是完全市场化运作城市更新项目，并且政府办事效率高；相比之下，长春的商业环境就没有那么好，政府的办事效率也没有那么高，失去了房地产市场的好时机，失败就注定了。

因此，投资不仅要看项目和市场，也要看环境和地域。

# 复星三亚鹿回头半山半岛并购项目

海南在中国房地产发展中留下了较为深刻和特殊的历史印记。1988年4月13日，设立海南省和海南经济特区，海南省一跃成为当时全中国面积最大的经济特区和唯一的省级经济特区。之后全国各地无数淘金者，怀揣着梦想涌入海南。数百亿元的资金逐渐投入到海南房地产开发中，催生房地产的巨大泡沫。1993年6月，国务院出台16条调控措施，房地产炒作资金被釜底抽薪，海南的房地产泡沫瞬间破裂。1994年，海南各地留下众多的烂尾楼，经济迅速下滑。随着中国经济的高速发展，海南作为南部沿海最具地理、气候优势中国第二大岛，发展潜力巨大。2010年1月4日，国务院发布《关于推进海南国际旅游岛建设发展的若干意见》；2020年6月1日，中共中央、国务院印发《海南自由贸易港建设总体方案》，海南的发展空间无限广阔。

## 一、项目背景

2014年9月的某天中午，我接到复星集团郭广昌董事长的秘书小汤打来的电话，通知下午到公司豫园会所参加一个地产项目的交流会，并参加郭董组织的晚宴。下午4点，我准时来到豫园会所，已有复星集团副总裁张厚林、复星地控总裁刘文东等人在此。刘总向我介绍了一旁的闫总和他的三亚鹿回头半山半岛项目。闫总也向大家详细介绍了半山半岛项目并希望复星参与项目的合作开发。大约晚上6点，郭董到来，晚宴开始，大家边吃边聊项目。最后确定复星尽快组织人员去三亚对项目进行尽调，并且明确由复星地控牵头，由德邦创新资本和复星集团负责融资的张厚林总做金融支持。

国庆节后不久，复星地控由刘文东总裁带队，潘文、王怡人团队参加，德邦创新资本由我带队，马锋团队参加，以及复星集团张厚林总一行八九个人来到三亚鹿回头半山半岛项目地开展尽调工作。经过初步尽调了解到，半山半岛项目是由一位神秘的山西煤老板闫总控制，由其自己或亲属朋友注册的六七家公司交叉持股，交叉对外融资负债，由于项目形成的历史较长，涉及的关联方较多，项目存在的问题相当复杂。

复星地控拟合作的半山半岛项目位于三亚鹿回头风景区，美丽而浪漫的小东海。该项目总用地面积近2300亩，建筑规模超过百万平方米，其中包括4家五星级酒店、游艇会、高层海景公寓、临海水景别墅、国际商业风情街等，是三亚市的大型滨海复合地产，同时也是三亚西至海坡，东至亚龙湾的50余公里海岸线唯一一个具有一线海景的项目。项目距离三亚凤凰国际机场约14.5公里，距三亚市中心仅约4.5公里，区位优势明显。在当时，该项目在三亚具有极高的知名度，2014年上半年是三亚住宅销冠项目，项目首期于2007年11月开盘，1、2、3期已竣工交付，4、5、6期也已完成销售，截至2014年11月累计销售额超过200亿元。

事实上，该项目也是20世纪90年代海南地产泡沫时期遗留下来的，几经易手后落到山西煤老板闫总手中，揽下鹿回头半山半岛上几千亩土地。在他拿下项目后不久，海南发布了《海南国际旅游岛建设行动计划》，借着“海南国际旅游岛”的东风，海南楼市尤其是旅游地产再次蓬勃发展。半山半岛项目也让闫总身家暴涨。

三亚房地产市场经过2012年底至2013年的爆发式增长，2014年成交量呈稳中有降的趋势，价格呈明显下降趋势，虽然半山半岛项目2014年上半年销售火爆，但下半年项目去化率开始随市场呈现下降趋势。而半山半岛项目的巨大开发体量和较大的前期投入，致使开发公司总负债达到近200亿元，资产负债率远超70%。逐渐放缓的现金流入，使开发公司受到了工程款、还本付息债务等资金压力。面对较大的还本付息的现金刚性需求，项目实际控制人闫总开始主要致力于增加项目融资、引入合作伙伴和转让项目工作，同时因为该项目得天独厚的区位优势和知名度，也获得行业内众多开发商和金融机构的关注。一时间，前来商洽者众多，甚至成为行业内的热点项目。因为之前闫总和复星集团在海南陵水合作开发过项目，于是便第一时间联系复星集团郭董。郭董一听是半山半岛项目，眼前一亮，非常渴望能够拿下这个项目，立刻通知复星集团的刘文东、张厚林及我前往三亚与半山半岛项目闫总洽谈。

## 二、交易方案

面对如此众多的竞争者，同时要获得尽可能多的预期收益，又要严格控制项目交易风险，交易成功的难度可想而知。经过与复星地控共同进行市场调查和项目尽调，通过对项目整体以及各不同地块的分析和现场调研，反复磋商和比对研究，首先确定应收购该项目中较为优质的住宅地块B7（下称“交易标的”），以降低首期交易额度和风险。考虑到参加该项目开发的3家关联公司交叉质押、财务账款明细不清等情况，决定将面积最大、条件最成熟、预估利润最高的B7-1地块以在建工程转让的形式转入复星地控下设的项目公司。其他9幅土地涉及拆迁、规划指标调整等一系列问题，评估下来风险敞口大、交割时间不确定，故决定保持跟进，后期成熟一块再转让一块。B7-1地块建筑面积约20万平方米，可建设4栋29层一线海景大平层，规划方案和施工许可证也已经拿到，项目收购后可以立即开工实现高利润高周转。双方初步确定的收购价格是含税13500元/平方米的楼面地价，而通过市场调研得到的预期销售价格已经达到45000元/平方米。

除了需要与项目方进行交易标的收购前置条件和收购价格的艰苦谈判，更为复杂的是，该交易标的是项目方一笔25亿元信托借款的抵押物之一。发放信托贷款的信托公司是重庆一家知名的大型信托公司。通过市场调研获知，该信托公司及其背后的资金方，对收购交易标的也颇感兴趣，并据项目方反映，信托贷款合同约定放款50亿元，结果只放了25亿元。这种情况下，进一步增加了交易难度，信托公司作为项目债权方和抵押权人，处于项目交易的有利位置，是项目收购不可逾越的一方，自然成为需要洽商的极其重要的一方。

面对如此形势，需要制定既能够满足项目转让方的需要，又能符合信托公司相关风控和合规性要求的方案。经过反复讨论和磋商，初步确定复星地控和德邦创新资本的产业与金融的联合收购方案，分阶段实施。

第一阶段，由德邦创新资本设立25亿元的专项资产管理计划，资管计划资金通过贷款机构向项目开发公司三亚鹿回头旅游区开发有限公司发放贷款，专项用于借款人债务重组，主要用于替换项目公司的信托贷款，以解除交易标的的抵押。第二阶段，复星地控与项目开发公司签署资产收购协议，通过土地使用权及在建工程转让模式，进行交易标的直接资产过户，项目方将获得的收购款项直接偿还资管计划。整个交易结束后，资管计划到期终止，复星地控三亚新设项目公司直接获得交易标的的所有权和开发权。

看似简单的交易框架，需要交易各方紧密配合和协调，还需要获得信托公司和地方政府的认可和支持，并且要控制整个交易流程的风险，同时还有大量细致的工作需要逐步落实和展开。

## 三、交易洽谈

框架方案商定，但其中众多细节需逐一与交易方协商确认，事不宜迟，为获交易成功，必须紧锣密鼓地推进项目进程。复星地控和德邦创新资本兵分两路，复星地控赶赴三亚，与项目方进行收购方案、收购前置条件和交易价格的谈判，德邦创新资本派人进行协助支持，德邦创新资本主要负责对接信托公司。

为了让信托公司同意复星地控收购，决定派我去重庆与信托公司谈判，其中也考虑到我曾在重庆另外一家信托公司做过高管，与该信托公司董事长有过交往的因素，这样谈判起来较为方便。但当时该信托已有人与之商洽收购事宜，且已经初步达成意向，所以我本次前往洽谈难度颇大。为了增加胜算，我拉上项目实控人闫总一同前往，经过十几天的谈判和交往，信托公司决定同意复星收购本项目。为了确保交易万无一失，复星集团郭董还亲自带队前往重庆，拜访市政府主要领导和信托公司翁董，为项目达成助力。

经过艰苦卓绝的谈判，各方终于在2015年2月达成协议，各自进入协议签署流程。

## 四、交易执行

2015年2月，交易第一阶段的资产管理计划进入协议签署和贷款发放环节，各方齐聚三亚项目公司总部，进行合同面签和核保工作。因本次资产管理计划是以后续的资产收购为目的，不同于常规的资产管理计划，此资产管理计划期限较短，与预期的资产收购时间相衔接，除了签署资产管理投资合作协议、贷款及抵押、担保等常规合同，为了控制交易风险，同时与项目方签署了资产折价转让协议，以全过程锁定交易风险和资金风险。协议规定项目方若未按期向德邦创新资本偿还应付债务，项目方同意按商定的相对较低的转让价格将项目资产转让给德邦创新资本，德邦创新资本可以以项目方未偿还债务冲抵项目转让价款。同时为达到资产转让的过户目标，要求项目方在规定期限内启动项目土地使用权证、建设项目四证①等权属的变更流程。

资产管理及相关合作协议签署完成后，复星地控按约定交付了3亿元前期保证金。第二天一早，德邦创新资本等交易各方来到三亚房地产登记大厅，办理资产管理计划放款前的资产抵押登记工作。虽然前期已对登记工作的相关要求做了较为充分的了解，但各方的现场经办人员都还是较为紧张，各方的管理部门和负责人也都在远程关注着项目进展情况。各方都明白，登记的任一环节出现瑕疵，都将影响资产管理计划放款的成败，也关系到整个交易的成败。按照金融机构的风控要求，抵押登记与资金流程大概是这样的：办理资产管理计划的委托放款方的第二顺位标的资产抵押登记；在获得登记部门办理完毕的抵押登记权证后，立刻通知德邦创新资本后台财务部门和风控部门；经必要流程审核后，将资产计划款项划至项目方债权人信托公司指定账户；信托公司收到款项后，指示信托公司现场人员提交解除资产抵押申请，德邦创新资本上升为标的资产第一顺位抵押权人。整个流程在各方的通力配合下，半天即全部完成，将交易中可能存在的风险窗口

① 建设项目四证包括建设用地规划许可证、国有土地使用权证、建设工程规划许可证、建筑工程施工许可证。

期大为压缩，放款及抵押登记流程办理完毕后，各方人员才松了口气，标志项目收购第一阶段开端良好。

在资产管理计划到期时，发生了展期事件，这让德邦创新资本的业务和风控人员紧张了一下。鉴于复星地控与三亚鹿回头房地产开发公司关于项目收购尚未达成一致意见，复星地控收购款项尚未支付，项目公司向德邦创新资本发出了贷款展期的申请，申请展期期限1个月。如果德邦创新资本不同意此笔信托贷款展期，三亚鹿回头房地产开发公司逾期违约，将自动记入中国人民银行征信系统，同时德邦创新资本进入法律诉讼程序。考虑到该笔信托贷款偿还依赖于复星地控收购款，且复星地控与三亚鹿回头房地产开发公司谈判正在进行中，同时复星地控的资产收购款可覆盖债权本息。在与复星地控及复星集团沟通后，德邦创新资本同意展期1个月。但同时也开始协同复星地控，准备好拟采取的法律处置手段，包括法律诉讼、资产折价受让等。

最终，在资产管理计划展期的1个月内，复星地控与三亚鹿回头房地产开发公司（项目方）达成了全部交易条款，并签署标的资产在建工程转让协议，全部交易达成。复星地控与项目方除了核心的收购价格谈判，资产收购模式也是造成谈判时间超预期的原因。这种德邦创新资本和复星地控共同确定的交易模式，确实需要落实较多的前置条件，并且要能够积极与政府相关部门协调办理。但这种交易模式，是将收购标的与项目方复杂的债权债务关系、项目股权历史变更风险分割开来，明晰收购标的法律权属的较好选择，正是这种正确的方案设计及选择使得项目后期具有较好的发展。这方面，有一个反面教材，就是后来此项目方于2016年再次进行项目出让，中弘股份斥资58亿元收购了三亚鹿回头房地产开发公司的全部股权。但在2018年，“中弘系”公司因资金链断裂、无力偿还外债而破产。同年9月，三亚市中级人民法院裁定对三亚鹿回头房地产开发公司、海南新佳旅业开发有限公司及其关联公司共计12家企业进行破产重整申请。

## 五、项目后续开发情况

据参与项目的王怡人介绍，项目获取后，复星地控为这个项目起名为复地·鹿岛（见图9），并开始征集建筑设计方案。多次讨论后，发现还是原有方案最佳，甚至连挪动一个角度效果都会大打折扣，可见原有开发商在打磨产品上花了很多的心血。项目开盘后超乎预期地热卖，仅两年时间20万平方米售罄，售价也从预期的4.5万元/平方米（含精装修3500元/平方米）升至8.5万元/平方米。原计划中，总成本50亿元，销售收入90亿元，利润40亿元；实际情况是总成本50亿元，销售收入170亿元，利润120亿元。这个项目成为复地集团历史上排名前三的高利润项目。

这也是我在复星集团4年工作中，参与过的最大的项目，从中也学习到了很多很多……

图9　复地·鹿岛项目效果图

# 曲折前行的东方生物投资之旅

## ——长期价值投资与中短期波段操作相结合的典范

裕智资本自成立之时，就以自有资金参与到二级市场投资中，其间的风风雨雨、涨涨跌跌可谓惊心动魄，但总体上收获大于教训。4年来平均年化收益率近30%，远远超过同期的上证指数涨幅，当然也有很多经验教训值得总结。为了让读者一览全貌，在此做一个简要介绍，并以重点投资公司——东方生物为案例，予以全面剖析，以飨读者。

作为一家专业投资机构，无论是在PE投资还是在二级市场投资，我们都有一定的标准，并且这一标准随着时间的变化而变化，随着行业的不同而调整完善，这是其一；其二是好的投资必须有科学的决策。裕智资本设立了投资决策委员会，并采取投票表决的方式，决定一家企业（公司）是否进入裕智资本的股票池。而且公司对股票池的股票也有严格的数量限定，不得超过15只股票。实际投资的股票必须从股票池中选出，也就是说不在股票池中的股票任何人也无权买入。

股票池中股票每季仅可对其1/3进行更换，更换的股票必须有专业的报告，并经过投决会表决才能更换。而投资具体标的时，还要去企业现场尽调，形成完整的尽调报告，给出买入区间，经投决会表决通过后，方可在区间内买入。公司也对行业和具体标的设有额度限制等风险控制措施，并按年度进行考核。

## 一、众人眼中的东方生物

东方生物进入我们的视线纯属偶然。记得在一次朋友酒会上，一位曾经从医的朋友在谈论股票时，推荐了东方生物，而此时正赶上了新冠肺炎疫情暴发，所以引起了我们的重视。在此之前，因为裕智资本在湖州设有裕哲子基金，所以也听了一些湖州当地朋友介绍这家公司的情况。

后来我们通过分析研究，觉得该公司质地不错，有发展前景，就决定组织人员去企业尽调。通过现场尽调分析以及对湖州当地知名投资人的访谈，公司投决会通过了对该股票的投资买入。当时正值该股票持续上涨中，我们从200元/股左右开始买起，当时的基本判断是该股票正常估值应该在300元/股左右；在持续地建仓中，该股票也持续上涨，一路到270元/股左右，账户出现了浮盈，同事们感到买对了。

但是事情并非如此的理想和顺利。事实远比想象的要更加跌宕起伏。

## 二、招股说明书和年报中的东方生物

### （一）裕智资本的五大投资标准

为了找到更好的投资标的，不仅需要各种各样的信息源，也需要强大的朋友圈，但是这并不意味着推荐来的资源就完全不加研究地信任，同样需要严加审核，深入研究。

作为一家专业的投资机构，必须对投资有自己的认知和标准，只有符合这些标准的标的才能进行投资。

2020年，裕智资本的投资标准如下。

1.赛道：成长行业（自上而下）——行业最重要

聚焦一个行业，如大众消费类、高科技创新类公司。

选择代表未来的行业，如生物医药、人工智能等。

行业未来3年的年复合增长率要大于6%。

公司在行业最好处于龙头地位，至少前三的水准。

公司未来3年的年净利润增长率要2倍于行业增速，达到12%以上。

2.标的：卓越公司

子标准1：团队优秀

最好的团队是由相关专业出身的博士、硕士领衔且一起在一个方向上干了10年以上，无多元化。

公司要有明确的使命、愿景或价值观。

善待客户、善待员工、产品创新。

强大的核心竞争力。

子标准2：公司与行业的关系

公司最好要在行业内处于领导地位，市值是该行业最大的，至少前三。

要找到公司在该行业能够处于领先地位的核心因素，可能是商业模式，可能是团队，可能是技术等。

与该行业知名的龙头公司相比较，优缺点在哪里？例如，与贵州茅台、恒瑞医药相比，优势在哪里？

子标准3：长期成长

过去3年归属于母公司的净利润增长率要大于15%。

最近一个报表（一季报、中报或三季报）的净利润增长率要大于10%。

子标准4：财务良好（并非需要满足所有的财务要求）

年度报表要清晰易懂，三大财报无可疑项。

股息率：最好能够大于无风险收益率。

过去3年的销售毛利率均大于40%。

过去3年的销售净利率均大于15%。

过去3年的净资产收益率均大于15%。

过去3年经营性现金流要大于净利润的0.8倍。

过去3年的净利润均大于0。

应收账款少于营收的10%，或者应收账款90%以上属于1年内。

3.风险：选择风险因素小的公司

所有公司都需要面对的风险，包括未来无法完全确定的风险，大盘的系统性风险，汇率风险，中美贸易摩擦风险，核心高管的法律风险，国家政策风险等。

个股公司特定的风险。面对未来的不确定性，不同公司的风险大小是不一样的，要选择风险小的公司。风险包括个股的行业竞争加剧风险，产品价格下行风险，估值风险，业绩风险，财务数据作假风险，股价下跌风险，行业下行风险，安全与环保风险等。

避免特定风险过多的公司，避免多元化的公司。

尽量去研究简单易懂的公司，避免自己无法理解的公司（实际上，99%的公司是超出了自己的能力范围的）。

与贵州茅台、恒瑞医药等相比，风险是否更多？公司是否更优秀？

4.时间：长期视角

即使以上面的要求选出的公司，体现在公司股价上也不知道是何时，因此正确的时间框架是成功所必需的。

采用长期持有策略，以年为单位，持有几年以上。

从长期视角看，如果不想持有一辈子，就不要持有哪怕十分钟。这里只是强调长期视角，并不意味着“建仓了就真的持有一辈子”，而是说希望买那些长期都看好行业的公司。

5.估值：以合理的估值买入优秀公司

相对于公司的质量而言，从长期投资的角度看，估值应该排在公司的质量后面。

低于18倍静态PE属于理想建仓区域。（仅供参考）

18 ~ 30倍静态PE属于合理区间，要考虑PEG<1。（仅供参考）

30 ~ 40倍PE区间是谨慎区间，需要PEG<0.5。（仅供参考）

估值够低才能有利润。（仅供参考）

如果没有合适的机会，那就耐心等待。（仅供参考）

甚至从短期操作来看，应该可以考虑以更高估值买入好的公司，而不是让估值束缚了操作。

在二级市场选股或一级市场选择投资标的时，我们都会尽可能遵守上述标准，但是也并非都要严格符合这些标准。因为投资的现实世界是很复杂的，特别是公司的商业模式千变万化，每一个公司都不一样，从而导致财务报表所展现出来的也不一样。

实际上，更重要的还是公司的运营如何，经营如何。过去它是如何经营的，现在的经营成果（财务报表来体现）如何，未来又会如何。其中的人员，特别是核心创始人如何运营公司，如何聚拢公司成员等，这些看不见、摸不着的东西更重要。

2020年，裕智资本选择二级市场的股票都是根据上面的五大标准，特别是财务报表上的要求选择的。但是到了2022年，我们逐渐发现了过多的财务选股是存在问题的，因为财务报表更多的是代表过去。过去是这样的，并不代表未来就会线性发展，过去好，未来很可能会变差。财务表现好，只是表象，需要弄清楚公司财务表现好是如何实现的，是公司经营好，还是行业都好，必须弄清楚公司经营好背后的逻辑，然后才可能判断未来是否更好，或者未来会如何演化。毕竟投资是投未来的。同时，还需要找到影响公司财务表现的关键因素以及二级市场股价走势的关键变量，这对于做好二级市场是至关重要的。

实际上，投资的标准，特别是一些具体的参数或指标，甚至是理念，必须更新，因为在某个时刻我们的认知可能是不完美的，是不够的，能够赚钱并不一定是能力有多强，更可能是恰逢其时！

### （二）东方生物的研究报告

为了判断东方生物是否真的如众多推荐人所说的那样，是家好公司，值得投资，裕智资本投入时间和人员，收集资料，学习研究，撰写下面的报告。

## 东方生物：简要报告（2020年7月）

1.东方生物：体外诊断——POCT

公司是一家专业从事体外诊断产品研发、生产与销售的公司，目前已完成从抗原抗体等生物原料，到体外诊断试剂以及体外诊断仪器的全产业链布局，形成了以即时诊断（POCT）试剂为主导产品，重点发展分子诊断、生物原料、诊断仪器和液态生物芯片等产品的业务格局。

公司主要产品为即时诊断试剂，即无须实验室复杂处理工艺，就可以实施临床即时检测的诊断产品，约占公司主营业务收入的98%，主要应用于毒品检测、传染病检测、优生优育检测、肿瘤标志物检测和心肌标志物检测等领域，而毒品检测和传染病检测是公司的两大核心产品系列。

毒品检测产品主要销往北美市场，面对新型毒品的层出不穷，公司在加拿大设立了抗原研发子公司，与国内的抗体生产子公司同步响应市场，及时开发最新型毒品检测生物原料，不断进行产品迭代及产品线扩充，拥有CFDA、FDA、CE、MDL等多项国际认证，品牌效应不断提升，相关产品已通过澳大利亚及加拿大的专业实验室评估，性能处于行业前列，终端客户包括世界五百强企业沃尔玛、Dollar Tree等。

传染病检测产品中，艾滋和丙肝检测试剂盒已经通过欧盟最高级别CE List A认证；疟疾即时检测产品，获得了比尔及梅琳达·盖茨基金会资助，专项用于疟疾检测试剂盒的世界卫生组织（WHO）预认证，公司有望成为国内首家疟疾产品通过WHO预认证的企业，通过WHO预认证后，公司将进入WHO体系国际采购供应商名录，成为全球基金、联合国人口基金等国际公益组织优先采购的供应商，为公司进一步拓展非洲、东南亚等海外市场提供有力的支持和保证。

2. 行业情况

（1）行业发展阶段

根据中国证券监督管理委员会《上市公司行业分类指引》（2012年修订）的规定，公司所属行业为制造业（分类代码为C）下属的“C27 医药制造业”，根据行业细分，公司属于“医疗器械行业”，具体细分行业属于“体外诊断行业”。

公司所属行业为战略性新兴产业，被誉为朝阳产业，主营业务及主要产品及未来发展方向符合《战略性新兴产业重点产品和服务指导目录（2016版）》《“十三五”国家科技创新规划》《医药工业发展规划指南》《“十三五”生物产业发展规划》《增强制造业核心竞争力三年行动计划（2018—2020年）》等一系列为国家创新驱动发展战略制定的产业政策，目前医疗器械行业仍处于快速发展的黄金期，未来随着国家政策的扶持以及医疗器械行业的技术发展和产业升级，将有望继续保持高速增长的良好态势。

（2）基本特点

医疗器械产业作为与人类生命、健康密切相关的知识密集型产业，是国家制造业和高科技水平的标志之一，具有行业规模大、进入壁垒高、市场需求稳健、集中度不断提升等特点。医疗器械产品的供给特点之一就是小批量多品种，以满足不同等级医疗机构、不同类型医疗场景的多样化需求。

①全球医疗器械行业持续稳定增长

随着全球人口老龄化的加速、慢性病发病率的增加、政府提供的医疗服务增加、农村地区医疗服务的改善、远程监护在发达国家和新兴国家的渗透以及临床研究的不断发展，全球医疗器械市场持续稳定增长。

根据EvaluateMedTech统计数据，2017年全球医疗器械销售规模达到4050亿美元，2017年至2024年年均复合增长率将达到5.64%，预计到2024年销售规模将增长至5945亿美元。从区域分布来看，美国是全球医疗器械的最主要市场和制造国，约占全球40%的市场份额，其次是欧洲地区，其他新兴市场是全球最具潜力的医疗器械市场，近年来增速较快。

②我国医疗器械市场持续快速增长

随着国家整体实力的增强、医疗保险制度的完善、人均可支配收入增加、社会老龄化趋势的加剧，全社会对健康服务的需求升级，医疗器械产业市场的发展前景广阔。根据《中国医疗器械蓝皮书》统计，2018年国内医疗器械市场总规模达到5304亿元，远高于同期国内GDP增速及全球医疗器械行业平均增速。

《2019—2023年中国医疗器械行业投资分析及前景预测报告》指出，我国医疗器械行业的未来发展有利因素：政策利好；市场需求持续增长；受益于全球化趋势；技术水平不断提高；国产设备逐渐被认可。发展的不利因素：高端市场被跨国公司占据；存在多头监管问题；企业普遍规模小；资金壁垒高；技术壁垒高。

③主要技术门槛

医疗器械行业是一个多学科交叉、知识密集、资金密集型的高技术产业，进入门槛较高。医疗器械行业对技术要求很高，对于研发企业来说，技术水平的高低直接关系到产品研发的成败。医疗器械行业往往需要大量的专业人才，只有通过长期持续的人才引入、培养以及经验积累，企业才能形成高水平的研发和技术团队以应对激烈竞争。新进入者一般无法在短期内获得技术，这成为其进入行业的主要门槛。另外，就具体产品而言，技术门槛还包括产品专利门槛、注册/备案等进入门槛。

（3）公司所处的行业地位分析及其变化情况

公司一直秉承全球化发展战略，凭借雄厚的技术研发实力、丰富的产品系列、优质的产品质量及全球化的销售团队，已成为在POCT即时诊断国际市场能够与跨国体外诊断行业巨头竞争，并在细分市场占据一定规模市场份额的中国体外诊断产品供应商，在美国、加拿大设立了全资子公司，产品远销北美洲、亚洲、非洲、欧洲、南美洲和大洋洲，外销占比约95%，客户遍布全球100多个国家（地区），拥有大量优质国际客户，如世界五百强企业麦克森公司（Mckesson）、巴基斯坦大型医疗器械企业Shams Scientific Traders等，终端用户包括全球最大连锁超市沃尔玛等国际知名企业，获得广大国际客户的认可，在国际市场上具有一定的知名度。

3. 简要财务数据分析

POCT上市公司财务数据分析如表1所示。

东方生物2019年的主要财务数据如表2所示。

表1

## 2020年的POCT上市公司的财务数据

| 证券代码 | 证券名称 | 城市 | 所属申万行业 | 应收账款（亿） | 总营收（亿） | 销售毛利率（%） | 销售净利率（%） | 市净率 | 市现率 | 市销率 | 流通市值（亿） | 总市值（亿） | 2020一季度净利（亿） | 2019净利润（亿） | 2020Q1扣非增长率（%） | 静态市盈率 | 动态市盈率 | 市盈增长比率 |
|---|---|---|---|---|---|---|---|---|---|---|---|---|---|---|---|---|---|---|
| 300206.SZ | 理邦仪器 | 深圳市 | 医疗器械 | 1.29 | 11.36 | 55.94 | 11.21 | 12.11 | 135.58 | 13.76 | 91.48 | 156.31 | 0.81 | 1.32 | 140.23 | 118.5 | 49.3 | 0.8 |
| 300482.SZ | 万孚生物 | 广州市 | 医疗器械 | 4.19 | 20.72 | 65.21 | 20.61 | 15.93 | 114.31 | 17.09 | 249.19 | 354.19 | 0.98 | 3.87 | 38.74 | 91.4 | 65.9 | 2.4 |
| 300760.SZ | 迈瑞医疗 | 深圳市 | 医疗器械 | 16.68 | 165.56 | 65.24 | 28.30 | 20.84 | 82.05 | 23.40 | 1,590.59 | 3,874.04 | 13.13 | 46.81 | 25.53 | 82.8 | 65.9 | 3.2 |
| 603392.SH | 万泰生物 | 北京市 | 医疗器械 | 2.51 | 11.84 | 72.05 | 17.77 | 56.19 | 321.21 | 73.99 | 88.07 | 875.87 | 0.70 | 2.09 | 58.97 | 419.3 | 263.8 | 7.1 |
| 688298.SH | 东方生物 | 湖州市 | 医疗器械 | 0.83 | 3.67 | 47.51 | 21.10 | 115.33 | 535.52 | 79.02 | 65.96 | 290.32 | 0.44 | 0.82 | 302.49 | 353.6 | 87.9 | 1.2 |
| 688389.SH | 普门科技 | 深圳市 | 医疗器械 | 0.07 | 4.23 | 60.51 | 23.79 | 13.83 | 158.12 | 34.35 | 12.57 | 145.19 | 0.38 | 1.01 | 43.45 | 144.4 | 100.6 | 3.3 |
| 688399.SH | 硕世生物 | 泰州市 | 医疗器械 | 0.36 | 2.89 | 81.76 | 29.00 | 23.80 | 227.68 | 84.14 | 57.73 | 242.98 | 1.04 | 0.84 | 698.55 | 290.1 | 36.3 | 0.4 |

资料来源：根据Wind资讯数据整理

表2 东方生物2019年的主要财务数据

| 证券代码 | 证券名称 | 城市 | 所属申万行业 | 应收账款（亿） | 总营收（亿） | 销售毛利率（%） | 销售净利率（%） | 市净率 | 市现率 | 市销率 | 流通市值（亿） | 总市值（亿） | 2020一季度净利（亿） | 2019净利润（亿） | 2020Q1扣非增长率（%） | 静态市盈率 | 动态市盈率 | 市盈增长比率 |
|---|---|---|---|---|---|---|---|---|---|---|---|---|---|---|---|---|---|---|
| 688298.SH | 东方生物 | 湖州市 | 医疗器械 | 0.83 | 3.67 | 47.51 | 21.10 | 115.33 | 535.52 | 79.02 | 65.96 | 290.32 | 0.44 | 0.82 | 302.49 | 353.6 | 87.9 | 1.2 |
| 证券代码 | 证券名称 | 城市 | 所属申万行业 | 2019净利增长率（%） | 2018净利增长率（%） | 2017净利增长率（%） | 2019净资产收益率（%） | 2018净资产收益率（%） | 2017净资产收益率（%） | 2016净资产收益率（%） | 2019每股现金（元） | 2018每股现金（元） | 2017每股现金（元） | 2016每股现金（元） | 2018研发占营收比（%） | 2019研发占营收比（%） | 2020研发占营收比（%） | 2019净利增长率（%） |
| 688298.SH | 东方生物 | 湖州市 | 医疗器械 | 25.6 | 95.97 | –6.37 | 37.13 | 39.18 | 28.73 | 45.76 | 0.60 | 0.49 | 0.37 | 0.14 | 8.64 | 6.52 | 5.49 | 25.60 |

资料来源：根据Wind资讯数据整理

90%一年内应收账款，有坏账；

上市一年有分红，股利支付率20%；

2018—2019年经营活动产生的现金流比净利润为0.66；2017年经营活动产生的现金流接近净利润；这是公司在高速增长过程中导致，应收账款可以接受。

最近4年净资产收益率均大于25%。

4. 投资亮点

业绩高速增长，且全年增长有保证：2020年Q2净利润增长13倍，达4.6亿元；单单二季度的净利润就有4亿元，全年净利润预计在10亿元以上，目前市值230亿元左右，静态PE只有23倍，被严重低估。

研发能力强，全产业链产品，美国研发团队，全球布局。

产品应用于新冠肺炎检查，产品线满负荷生产。

高成长：过去3年复合增长率接近30%(见表3)。

**表3　　东方生物2016—2019年的简要财务数据**

| 科目/年度 | 2019年 | 2018年 | 2017年 | 2016年 |
|---|---|---|---|---|
| 成长能力指标 | | | | |
| 净利润(元) | 8210.52万 | 6536.96万 | 3335.66万 | 3562.70万 |
| 净利润同比增长率 | 25.60% | 95.97% | -6.37% | — |
| 扣非净利润(元) | 7601.66万 | 6260.02万 | 2933.73万 | 3479.40万 |
| 扣非净利润同比增长率 | 21.43% | 113.38% | -15.68% | — |
| 营业总收入(元) | 3.67亿 | 2.86亿 | 2.24亿 | 1.82亿 |
| 营业总收入同比增长率 | 28.50% | 27.50% | 23.03% | — |
| 每股指标 | | | | |
| 基本每股收益(元) | 0.9100 | 0.7300 | 0.3700 | — |
| 每股净资产(元) | 2.80 | 2.31 | 1.53 | 1.14 |
| 每股资本公积金(元) | 0.32 | 0.32 | — | — |

续表

| 科目/年度 | 2019年 | 2018年 | 2017年 | 2016年 |
| --- | --- | --- | --- | --- |
| 每股未分配利润（元） | 1.28 | 0.80 | — | — |
| 每股经营现金流（元） | 0.60 | 0.49 | 0.37 | 0.14 |
| 盈利能力指标 | | | | |
| 销售净利率 | 21.10% | 22.37% | 14.59% | 19.55% |
| 销售毛利率 | 47.51% | 48.67% | 48.12% | 48.08% |

资料来源：同花顺

## 三、现场尽调中的东方生物

南宋著名爱国诗人陆游有一首教子诗《冬夜读书示子聿》：

古人学问无遗力，少壮工夫老始成。
纸上得来终觉浅，绝知此事要躬行。

这首诗用在投资上也是恰如其分的。

要做好投资，特别是国内的投资者，要不遗余力地努力付出，但是即使竭尽全力，也不一定“老始成”，甚至不一定能成，还可能会亏钱。

如同在本书其他章节所谈到的投资和投机那样，投机是很容易的，生来就会，进了股市，大部分都是短期的投机操作。各类机构把所有买卖股票的人都视为投资者，这让大家对自己的行为没有了辨别能力。K线图的各种指标、参数，花再多时间，可能也无法有所成就，因为方向就不对。

对企业尽可能多地深入了解是投资的基础工作，年报、公告、研报、招股说明书等都是必读的，但是这依然是不够的，现场尽调是不可缺少的一环，要和公司的董秘、创始人、高管等都聊聊，客户能见的也见见，用用产品，上下游能看也看看，总之尽可能地多了解公司。

为了深入了解东方生物，我们对东方生物做了现场调研，拜访了东方生物在湖州安吉的总部，董秘亲自接待了我们，刚好也遇到了董事长方总。

董秘给我们详细介绍了公司的情况，包括公司众多的产品、研发进展、厂区情况、经营情况等，特别是新冠病毒相关产品的情况。我们也与之前的了解一一对照，进一步印证了我们的看法。

东方生物的方董事长温文尔雅，说话温柔有力，把东方生物当成事业来做，是位实干家，是我们所寻求的那类创始人。

值得一提的是，在现场尽调过程中，要特别注意合规性，不能打听内幕消息，违法行为不能干。

## 四、拥在怀中的东方生物：持续9个月的第一次建仓

### （一）惊心动魄的2020年走势

我们对东方生物的建仓从2020年7月16日开始，如同前面我们的报告所写的那样，即使在东方生物的股价已经从底部上涨了4倍多之后，我们依然认为它被低估了！

幸运的是，我们建仓比较慢，且数额不是特别大，到下一个高点284元的2020年8月6日，一直在买入！账面是浮盈的，我们很开心，觉得做了正确的决定。然而从那时开始，股价开始下行，从280元到200元，短短5个交易日，跌幅接近30%，账面立刻浮亏了。在2020年8月13日短暂徘徊在200元左右几天后，股价接着下行，而我们跟着继续加仓，最后到2020年9月11日，一个月内股价一路从280元跌到了120元左右，跌幅高达57%！而此时我们对东方生物的持仓已经50%左右，浮亏接近40%。这走势令我们都压力很大（见图10）。

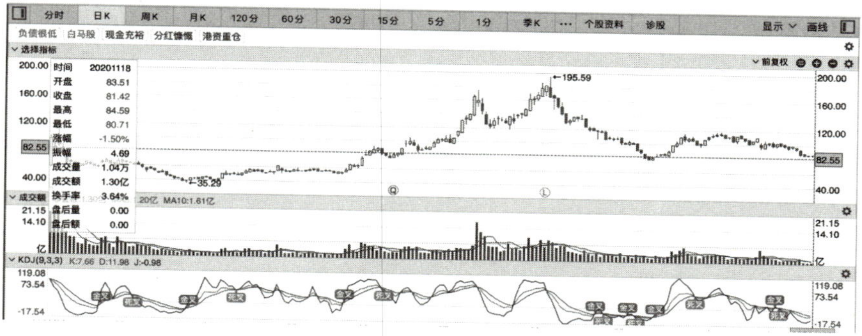


图10 东方生物2020年二级市场的走势

资料来源：同花顺

彼时欧美的新冠肺炎疫情在经历了七八月的控制后，正在面临9月的反弹，英美等国的强刺激正在发挥作用，东方生物的出口业务也还在持续，未来无须担心。

东方生物的股价果然在9月迎来反弹，从120元涨到170元左右，我们都缓了口气，以为要再度上攻300元了。但是对于前面的暴跌，我们还是心有余悸，不敢轻举妄动。10月，东方生物再度下跌，又回到了120元左右（见图11），这对我们来说太煎熬了。

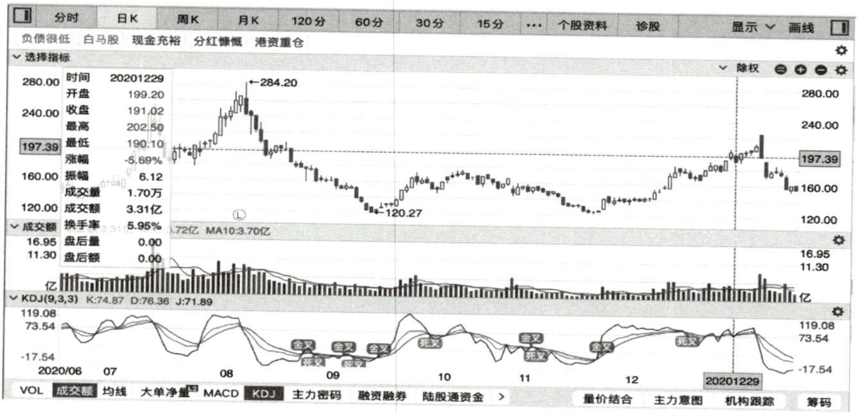


图11 东方生物2020年下半年的走势

资料来源：同花顺

我们跟踪东方生物2020年三季报的情况，第三季度确实比第二季度差多了。但是疫情还在继续，英国感染人数并未下降，出口在增加。于是在2020年的10月、11月，我们继续少量加仓，浮亏收窄。好在从2020年11月19日开始，东方生物的股价开始启动，再度上扬，从120元左右涨到了年底的210元，终于可以让我们过个好年了。

2020年全年收益率是22%，比当年上证指数13.87%多8.13%。

### （二）2020年的操作总结

对于一个致力于在投资市场持续投资的人或机构来说，复盘是必不可少的。对于2020年，当时我们的总结如下：

1.经验与优势：做得好的地方

能够选出优质股票：即使在新冠肺炎疫情的巨大冲击下，综观所有操作过的股票与股票池里面未操作的股票，在2020年均有不错的涨幅，这是账户操作能够成功的基础。

能够遵守操作规则：所操作的股票均来自股票池的股票，遵守了操作规则，从而使得操作盈利的比例高达80%。

能够做到价值投资：股票池所有的股票均是基于优良的基本面选出的，基于这些股票的操作就是价值投资，这是成功的保障。

能够做到中长期投资：大部分的操作都是持续几个月以上，能够做到中长期投资，并且在股价大跌的时候偶尔还能逢低建仓，从而确保了投资的成功。

对于优质的股票池，公司在出现浮亏的情况下，能够坚持持仓，不为浮亏所动，坚持相信自己的研究。

能够及时兑现投资收益：大部分操作的股票均实现了盈利退出，在保护盈利操作方面做得非常好，这是账户操作成功的根本原因。

2.教训与劣势：需要改进的地方

盈利还可以更好。账户的盈利能够跑赢上证指数，但是落后于全年涨幅50%以上的创业板指数，说明账户的盈利还能做得更好。

过早卖出了已经盈利的股票，比如智飞生物、中国中免、伊利股份、云南白药等，对于盈利的优质公司应该有信心持有更长时间，甚至在调整到合适的位置时，还要有勇气加仓。

依然从股票价格的波动来评估投资成败与否。从长远角度来看，应该从行业和公司角度来配置优质资产，而不是仅仅考虑短期的股票价格波动来获利，这种通过价格波动来获利依然是投机操作，需要加强长期资产配置思维。

错过了股票池里面的大牛股——泸州老窖，研究员虽然给股票池推荐了优质公司，但是如果基金经理不认可该公司，那么就会出现这种情况，这需要双方更好地磨合才行。

3. 2021年的建议

更加聚焦公司，特别是对特定优质公司的研究，要做到对公司的方方面面都非常了解，包括公司的业务、团队、所在的行业、股价波动习惯等，也包括从超长的时间框架来研究公司，比如3年、5年、10年。基于对公司的深刻理解来操作公司的股票，在立足长线持有的基础上，做月级别的波段操作。

更加聚焦行业：特定的社会发展阶段有特定的行业优势，应该选择优势行业做深度学习和研究，明确能力圈范围，在能力圈范围内行动。

加强对国家重要会议、货币政策、重大事件的跟踪和分析，特别是对股市影响重大的资金流政策，做好跟踪，这是市场短期波动的基础，也是获得超额收益的基础。

## 五、绽放中的东方生物

### （一）惊喜连连的2021年上半年

股市里面的感觉，就像有句话描述的那样，“快乐总是短暂的，痛苦才是永恒的”。经历过股市的人，大概都有这么一种体会，上涨的过程短暂而快速，下跌却是缓慢而持久。这种感觉在初入股市或者在股市修炼的级别还不够高时，体现得更明显，会更加刻骨铭心，甚至会导致很多人永远离开股市。这种随着股价的上涨下跌而起起伏伏的感受，可能就是有人把在股市的经历称为“炒股”的原因吧。

当我们过于以股价的波动来衡量我们投资成功与否的时候，就会为股价下跌而感到痛苦难过；但是当我们把股票当成一家公司来看待的时候，股价下跌可能是更好的买入机会，股价下跌其实是潜在收益率增大，是有助于投资的。毕竟作为股价买入方，股价下跌提供了一个更好的进入价格，安全空间更大了。

当然看到股价从高位急剧下跌，股票账户浮盈急剧减少时，情绪波动还是难以避免的。

进入2021年的东方生物就是这样。虽然2020年我们收获还不错，但进入2021年后，东方生物就掉头往下（见图12），短短的十几个交易日，就从220元掉到了160元左右，跌幅接近28%！继2020年的大跌之后，我们再次体验了过山车般的心情变化。

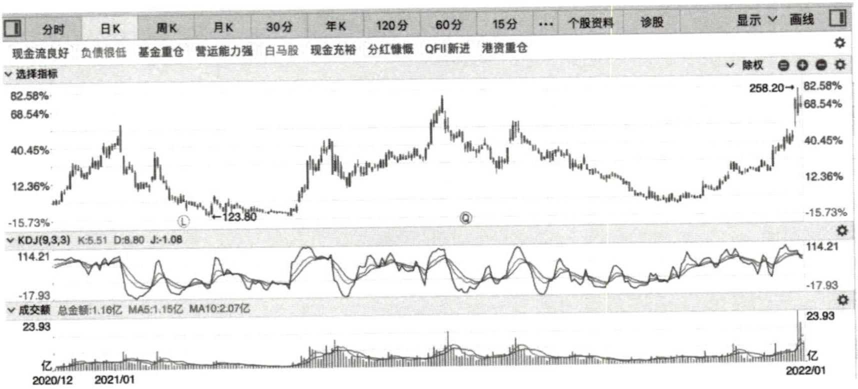


图12　东方生物2021年的走势

资料来源：同花顺

由于我们判断东方生物的股价上300元没问题，所以2021年初还继续加仓了。这时东方生物已经妥妥地是我们第一大重仓股[①]。

随着东方生物的进一步下跌，2021年的账户浮亏加大。到了2021年4月，东方生物的股价再度跌到了120多元。

幸运的是，进入4月下旬后，东方生物的股价开始拉升，股价持续往上走。这可能是因为2021年第一季度的季报即将披露，也可能新冠检测产品出口欧洲继续爆仓，一季度的业绩会非常亮眼。

在2021年第一季度季报披露的2021年4月29日之前，东方生物的股价从120多元飙升到200元出头，我们终于又勉强浮盈了。于是在4月26日、27日两天，在接近200元的高位，我们卖掉了差不多一半的仓位，算是兑现了一部分盈利。

随着2021年4月29日一季报的公布，我们得知东方生物2021年第一季度大赚11亿元。然而股价却是典型的“见光死”，开始跳水了！4月29日当天竟然大跌18%，随后几天跌到150多元。

在了解到欧美疫情依然在肆虐，东方生物的工人依然在加班加点地三班倒时，从2021年4月29日到5月7日，我们又陆陆续续把前面卖掉的一半仓位接了回来，成功降低了持仓成本。

在2021年5月初急剧下跌几天后，东方生物的股价再度上行，到了6月底上到了最高的250多元。6月底，我们账户收益率一度高达30%以上，而当时的上证指数涨幅几乎为零（见图13）。

① 原因在于，2021年1月6日东方生物发布了2020年的业绩预增公告，预计2020年全年净利润高达16亿元，这意味着仅仅第四季度就赚了10亿元。这是东方生物历史上从没有过的纪录。

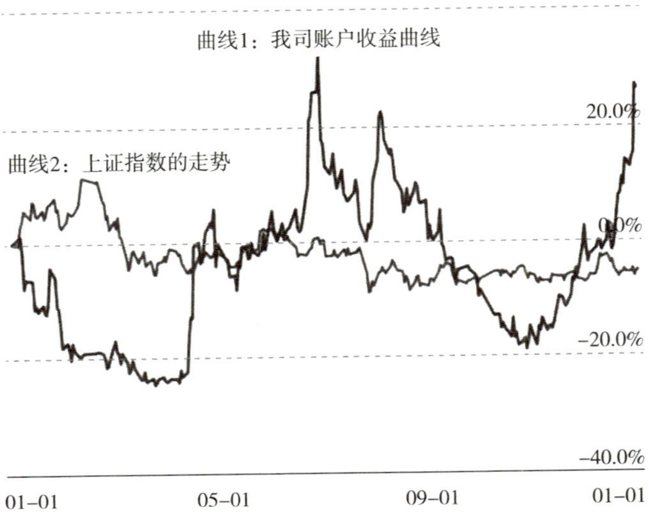


图13　股票账户2021年的收益率曲线

资料来源：国金证券网上交易系统

很开心，对吧？是的，我们在6月底的高点一股也没有卖，真是一个快乐的上半场。

**（二）浴火重生的2021年下半年**

如前面的图12所示，东方生物的股价从2021年6月高点254.61元再度掉头往下，到7月底已经是180元左右了，下跌幅度接近30%！我们的收益率再度回到了零，又坐了一次“过山车”。

用周星驰在《唐伯虎点秋香》里面的台词来说：人生的大起大落太快，实在是太刺激了。

但这只是开始而已。

股票市场的特点之一就是，这是一个持续不断的游戏！用本杰明·格雷厄姆的话来说，就是：“市场先生还有一个可爱的特点，他不介意被人冷落。如果市场先生所说的话被人忽略了，他明天还会回来同时提出他的新报价。”

在2021年7月底8月初的3天从180元反弹到220元后，开始了持续4个月的下行，最后再度跌到130元左右，我们的账户再度浮亏，但比上半年好一点点。这是我们建仓东方生物之后的第三次浮亏超过20%。

股价大幅波动的背后是东方生物业绩的大幅波动，业绩大幅波动背后是欧美疫情防控的变化和对新冠检测产品的需求变化。东方生物2021年第二季度取得了创纪录的净利润，这是2021年上半年股价大涨的原因；然而进入第三季度后，来自欧洲的订单大幅下降，致使第三季度的净利润只有5.26亿元。市场已经看到了欧美疫情逐步放开新冠检测需求的降低，所以股价提前反应了。

进入2021年11月后，虽然欧美疫苗普及率大幅提升、几款新冠药物开发进展良好、新冠逐步常态化，但是感染新冠病毒的人数依然大幅反弹，欧洲对新冠抗原检测产品的需求再度增加。

于是在底部徘徊差不多一个月的东方生物再度在2021年11月下旬启动，一口气从130元左右上升到2021年12月31日的最高258.2元，接近翻倍。

于是我们的账户又赚回来了。2021年全年收益率26.41%，超越上证指数21.61%，这是裕智资本连续3年超过上证指数20%左右。

大概这就是所有美好的故事最后所带给我们的希望与快乐。

### （三）2021年小结

如果把2021年的账户波动看成一场足球赛，收益率为零做基准线，账户盈亏超过正负20%为分数得失1分，那么2021年账户变动这场足球赛的比分变化是：0：0，0：1，1：1，2：1，2：2，3：2，3：3，3：4，4：4，5：4。两度落后，两度扳平并两度领先，最后再绝杀获胜。

绝对是一场惊心动魄的经典赛事！球迷是看得刺激、过瘾，但是对于身在其中的球员、教练恐怕就未必了。

对此我们也在2021年末做了总结。

单一持股东方生物的仓位高达80%左右，导致了“成也萧何、败也萧何”的局面，即如果单一持股大涨，那么收益也会出现快速上涨，反过来收益也会快速下跌。这会导致基金净值的巨大波动。如果未来私募基金需要频繁公布净值的话，可能会出现投资人在净值下跌时候大幅赎回，从而使得基金运作停止。这种净值的巨大波动对于基金经理和团队都是巨大的考验，基金经理可能会承受巨大的心理压力，会出现没有在高净值时减仓的后悔情绪；也对投研团队的选股提出了非常高的要求，同时需要及时找到股价大幅波动的原因和应对策略。

高仓位的单一持股是否要改变，取决于基金的运作风格和研究能力。巴菲特也建议集中投资，把资金投到有限的几家公司并长期持有。这时候基金的考核方式就非常关键了，如果一年一考核，那么就可能会遇到重仓股票即使基本面非常优异而其股价长期低位徘徊的情形，从而导致基金的年度考核非常差。如果要解决重仓单一持股的风险，那么严格遵守风控就非常重要了，比如单一持股不可以超过30%，同一行业不可以超过50%等。

基金的年度考核方式也给投研团队的选股带来挑战。考核标准要求股票池的股票在当年入选的股票池里面，必须是上涨的。但是判断股价在一年内的涨跌，无疑是与长期主义的价值投资相违背的。

投资面临的挑战是非常多的，不仅仅需要研究公司、评估公司、衡量公司，还需要研究大盘、大势和大环境，过去、现在和未来，更需要处理好情绪波动，提升认知，知道运作原理，甚至股价的运作细节。

## 六、2022年的东方生物

### （一）乐极生悲的2022年

随着东方生物股价的进一步上扬，我们一直在缓慢出货，到了2021年12月31日的时候，基本上50%的持仓已经卖掉了。进入2022年后，东方生物继续拉升，到2022年1月14日达到了最高的411.62元，我们基本卖得只剩下底仓一两千股了。这波操作不仅仅是账面兑现之前所有的账面盈利，还让2022年的账户浮盈达到了40%左右！要知道这才是1月中上旬，上证指数还在持续下跌，还有比这更漂亮的操作吗?！当初真该把账户清了，账户封了，然后去旅游度假。这是我们后来多次讨论的话题，生活中的遗憾是必不可少的，尤其是在股市。

从最高点411元跌到200元左右，又是只需要一个月。

1月急剧下跌后，在2月的底部区域，我们又逐步建仓了40%，随着3月的反弹，3月上旬又卖掉了这些抄底的筹码，进一步提高了收益，一切都非常理想。

但是……这个世界最怕的就是但是。

从2022年3月15日开始，我们又开始买入了，到4月又陆陆续续买回最高时70%的仓位。

随着国外疫情逐步常态化，到2022年第二季度时东方生物的净利润相对于第一季度再度大幅下跌，只有6.82亿元（第一季度是20.84亿元）。

整个东方生物的2022年上半年扣非净利润27.66亿元，这是一笔非常大的净收益。受国外新冠肺炎疫情的影响股价持续下跌，到2022年9月股价在送股除权后，跌到了90元左右（见图14）。我们年初高达40%的浮盈全部被抹去，甚至小幅浮亏。

考验再度来临。

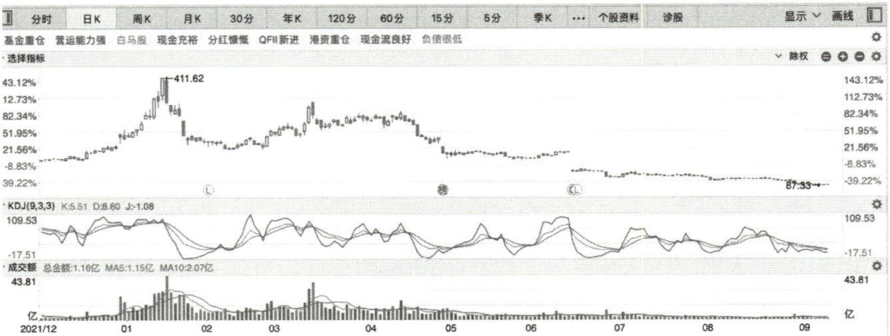


图14　2022年东方生物的股价走势图

资料来源：同花顺

## （二）后疫情时代的东方生物到底价值几何呢?

在2020年、2021年和2022年上半年，东方生物通过新冠产品产生了近200亿元的营收。到2022年中报公布时，账上的现金及等价物已经接近90亿元。2022年中期扣非净利润27.66亿元，市值150亿元左右。按照前复权的股价计算，股价已经从最高点跌去了70%；按照2021年的扣非净利润49.66亿元计算，静态市盈率3倍左右；按照最新的2022年中报来看，半年盈利27.66亿元，每股净资产52.88元，股价是88元。

国外的新冠肺炎疫情已经常态化，国内的新冠抗原自测已经放弃，那么东方生物的收入来自哪里呢?

从前面2022年持续下行的K线看，似乎东方生物还在下行通道。东方生物还有未来吗？股价还能上去吗？如果能上，为什么呢?

## （三）价值投资的核心在哪里?

公开资料显示，方效良是在2005年创立东方生物的。在此之前方效良当过小学老师、军队卫生员等，此后辞职创业，进入了医疗器械板块的体外诊断行业。经过多年的摸爬滚打，东方生物终于在2020年2月上市。其营收从2017年开始，逐年上升，净利润跟着上涨（见表4），经营势头良好。

表4　东方生物自2016年以来的营收和净利润情况

| 科目/年度 | 2021年 | 2020年 | 2019年 | 2018年 | 2017年 | 2016年 |
|---|---|---|---|---|---|---|
| 成长能力指标 | | | | | | |
| 净利润（元） | 49.20亿 | 16.77亿 | 8210.52万 | 6536.96万 | 3335.66万 | 3562.70万 |
| 净利润同比增长率 | 193.33% | 1942.94% | 25.60% | 95.97% | -6.37% | — |
| 扣非净利润（元） | 49.04亿 | 16.59亿 | 7601.66万 | 6260.02万 | 2933.73万 | 3479.40万 |
| 扣非净利润同比增长率 | 195.70% | 2081.82% | 21.43% | 113.38% | -15.68 | — |
| 营业总收入（元） | 101.69亿 | 32.65亿 | 3.67亿 | 2.86亿 | 2.24亿 | 1.82亿 |
| 营业总收入同比增长率 | 211.43% | 788.83% | 28.50% | 27.50% | 23.03% | — |

资料来源：同花顺

随着2020年国外新冠肺炎疫情的暴发，东方生物迅速推出了具有全球技术领先性的新冠检测产品，其研发实力再度得到了验证，营收也快速上升。在公司2019年的年报中，公司的产业平台为免疫诊断平台、生化诊断平台、生物原料平台；战略化技术平台为分子诊断平台、液态生物平台、体外诊断仪器平台。2021年的年报显示，公司的战略化技术平台均已经产业化；累计取得的认证已经超过633项，国际认证474项，是具备国际产品认证最多的中国体外诊断企业之一；累计自主研究开发的抗原、抗体产品由30多种到上千种，研发效率惊人。

公司之所以能在抗击新冠肺炎疫情的“战役”中脱颖而出，是因为其在行业高瞻远瞩的布局和优秀的执行力。这样的能力将是东方生物未来继续成长的关键所在，是我们投资之所以能成功的核心所在，也是公司股价未来能够继续上行的驱动力。

### （四）技术走势如何？

在我们初入股市的早期，可能都花了大量时间在研究K线图等各种各样的技术指标，都期望从不断上上下下的股价波动中找到投资的密码，战胜市场，征服市场。然而最终我们都不得不承认，这是一条死胡同，是一条歧路，越早离开这条路越好。在这条路上花再多时间都是徒劳，甚至越努力越失败。越交易频繁，越想抓住每一个波段，越容易亏钱！在个股的技术分析上所花的时间，每天最多不要超过5分钟，甚至一分钟都不要花，这才是正确的投资之道。如果技术时间花太多而且每天都交易，那是在投机！投机有投机之道，但投机可能也是一条不归路。

在确认公司的基本面还可以的情况下，可以看看公司的技术走势图，虽然技术走势图其实意义不大。

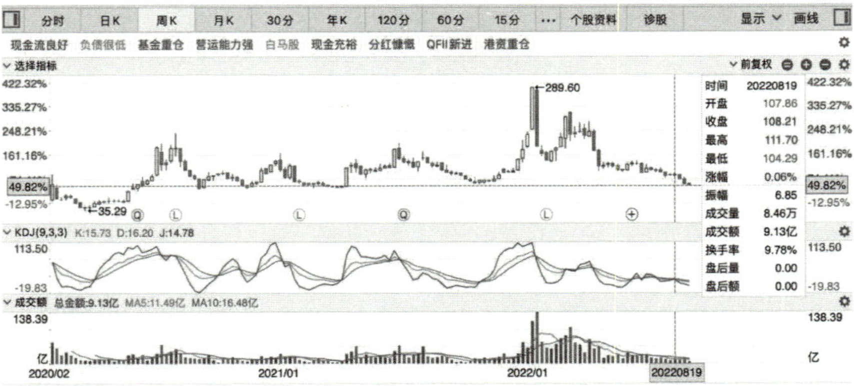


图15　东方生物上市以来的前复权周K线

资料来源：同花顺

从图15可以看到，东方生物的股价每次跌到前复权价位90元上下就跌不下去了。

那未来会不会也是这样呢？很难说。因为这取决于公司的经营。如果公司持续恶化，什么样的强力也支撑不了；反过来，如果公司经营持续向好，股价迟早往上走，谁也挡不住。

### （五）安全空间有多大？

投资界最推崇的估值方法是自由现金流折现法，当然大家也都知道该方法说起来简单，实际操作却几乎无从下手。对于东方生物这种短期受到新冠肺炎疫情影响从而现金流大幅波动的公司来说，对它进行现金流折现估值，恐怕更是难上加难。

要想知道公司值多少钱，还有常用的市盈率、市净率等方法。对于东方生物来说，市盈率也是不太适合的，3倍静态市盈率是很低，但是新冠肺炎业务不具有可持续性，否则市场也不会给这么低的估值。

市净率是可以看看的，在每股净资产为52元时，股价只有90元左右，PB1.73，应该说非常低了。东方生物在2022年9月末的总股本为1.68亿元，公司账上的现金及等价物接近90亿元，相当于市场认为在扣除净现金90亿元的情况下，其业务价值为60亿元。前面我们简要提过东方生物的基本面情况，这是不是也可以认为当前的价格是具有安全空间的呢？

让我们拭目以待吧！价值投资就是选择经营良好的公司，伴随其成长，获得公司的经营成果，这才是真正的可持续发展之路。

## 七、结语

投资的原理和实践是很简单的，但是实际操作不容易，更难的一点是投资和投机很难区分。投机是人类的天性，是本能，进入股市就会；而投资是一种技能，和弹钢琴、踢足球等类似需要长期学习才能有所建树的技能。对于绝大部分非科班出身的人来说，都是从投机进入股市的，而要从投机走到投资是一条非常漫长且充满艰辛的路。

投资之路的艰辛和挑战其实和任何一个行业都类似，要想做到行业领先，不仅仅需要努力，还需要不停地改进自己，完善自己，可能也还需要团队来携手前行。如果能够理解投资之路的艰辛和漫长，把投资交给专业的人去做，对于股票市场上的绝大部分中小投资者来说，都不失为一个更明智的决定。

社会的发展注定是要往前的，也许某个人会停止前进，也许某个机构或组织会停止前进，但是这个世界从来没有停止过前进的脚步。既然我们选择了投资这条路，就让我们一起携手前行，永远都要相信总有更美好的未来等着我们。

# 投资的逻辑[①]

*Margin Call* 中文译名为《商海通牒》，其中对华尔街成功人士的分类总结很到位。第一类人——Be First，讲求的是具备前瞻性与预见性；第二类人——Be Smarter，通过持续学习让自己比一般的投资者更聪明，智力上更胜一筹；第三类人——Cheat，作弊，枉顾法律走“捷径”。第三类人难求长久，想要奠定“百年老店”的根基，第一类和第二类人才是我们的选择，我们将他们合称为具备投资智慧的人。

投资智慧的获取离不开对投资的思考，我们需要不断地问自己，投资的本质是什么？财富创造的根源在哪里？人类文明又终将走向何方？无数的大师殚精竭虑，已经给出了部分答案。马克思提出了劳动、资本创造价值及剩余价值论；科尔内著书《短缺经济学》，提出了投资需求理论；法玛提出了有效市场理论；本杰明·格雷厄姆提出了价值投资理论；“股神”巴菲特积极践行，将价值投资理论发扬光大。“复利”奇迹的发现以及现代科技革命的洗礼更是让我们对投资这件事有了更深一步的认识。

站在巨人的肩膀上，享受着时代发展的成果，也接受着时代给予我们的挑战，大浪淘沙，我们唯有认识本源、积累能力、创造价值才是财富获得的正道；唯有通过勤奋地劳动和不断积累投

① 2018年6月为裕智资本开通公司微信公众号而作，微信号：yuzhizibenn。

资的智慧，才能在助推社会进步、经济发展、企业成长中分享应得的红利。

受益于此，2017年6月，我们成立了浙江裕智资产管理有限公司，一家专注于文化旅游休闲产业和新兴高端制造业股权投资的基金公司。我们旨在依托自身雄厚的资金实力和丰富的投资管理智慧为客户，也为自己创造稳健的财富增值，助力实现人民富裕生活。

诚信、智慧、专业、勤勉是我们的工作理念；为社会和客户提供持续、可靠、有效、安全的价值产品和服务，满足大众快乐、健康、富裕的生活需要是我们的奋斗目标。

为了同样的目标，众多投资领域优秀人才在裕智相聚，这一团队经验与活力并存。核心高管团队人员平均金融从业经验超过30年，青年员工朝气蓬勃、勤奋向学，这为我们事业理想的实现插上翅膀。

我们深知投资并不是简单的事，振翅高飞仍需要一起携手在追求投资智慧的道路上奋力前行。

# 投资感悟

作为管理财富、投资股权赚钱的行业人士，我一直在想，我们凭什么赚钱？赚了谁的钱？赚钱的逻辑是什么？要回答以上问题，首先必须要搞明白投资的本质，特别是股权投资的本质。用大家都听得懂的话来说，股权投资就是把手中的资金投入到企业中，成为企业的股东，以此支持企业的经营发展，同时分享企业发展的成果，获得相应回报。

当企业的股东是有风险的，如果企业经营不好，甚至失败，投资的钱就会血本无归。只有被投企业经营良好才能有回报。如果经营特别好，甚至能上市，投资就能获得较高的回报。从这些来看，股权投资的第一要务就是找一个好企业、好项目及优秀的企业家。这就需要有一双慧眼能看懂企业的专业知识和发展潜力。

所谓价值投资的逻辑，就是从企业研究分析入手，紧紧抓住第一要务不放，而不是追求其他细枝末节。在任何时候、任何情况下，都知道自己所投企业的价值，不为外部环境、市场所左右，才能成为一个真正的投资者，一个拥有核心竞争力的投资人。

有很多人说，二级市场是七亏二平一赚。这话到底对不对？我说既对也不对。对，是对于市场上的短期炒作投机客来说，玩的就是你输我赢；不对，是对于那些价值投资者来说，他们赚的是分享企业成长发展的红利，而不是市场波动的价差。这也是投机和投资的本质区别。

价值投资长期持有，持有期至少3年，甚至更长。但是绝大多数投资人，特别是二级市场的投机客，哪有心情持有那么长时间？只要能赚，甚至一个月都要买卖几次。当然他们有时也很有耐心，那是在投机被套牢的时候，不得已而为之。此时，他们是在没有认真研究企业的基本面，特别是跟踪企业变化的情况下做的，因此也是投机行为而不是投资。

对于PE投资来说，我一直反对一对多的资金池。为什么？因为搞资金池，资金的时间价值怎么办？不可能一次性把募集到的资金全部投出去，还得一个项目一个项目地看，一个企业一个企业地投。再就是很难核算和结算，一个资金池投了很多项目，期限不同，好坏各异，什么时候结束，怎么分配，都非常麻烦。投资越简单越好，而且多头投资也可能形成交叉投资，形成利益输送。这样的案例很多，做财富管理最重要的是公开、透明、公正、效率。搞了资金池，又是一本糊涂账，怎么让人信服！

我们每天都关注重点企业的信息，知道其价值及变化。这样一旦市场来了，出现价格背离价值，就是我们买入或卖出的时候，而平时不要太在意其波动，这就是我们的定律。

企业的核心竞争力如同个人的核心竞争力一样，不是一蹴而就的，必须日积月累不断精进，学习和善于学习是唯一的捷径。在反复比较、思考、总结中积累知识、智慧和认知，提高自我是战胜自我的前提条件！每个企业都不可能完美，但要有特色，有自己的独门绝技，这也是生存所需，发展所要。永远向学，躬身示范！

一般来说，投资要经历三个阶段，也就是“三重境界”。一是看山是山。初涉投资行业的人，由于理论和经验不足，又缺乏工具，所以看企业项目，看到什么就是什么，无法分辨对错好坏，更谈不上前瞻判断。二是看山不是山。经过了3~5年或更长时间的训练，各种行业接触多了，企业项目也看多了，工具掌握得也多了，开始能够看出问题，知道毛病，这时开始了怀疑、挑错，看到的都是问题，都持否定和批评的态度。三是看山还是山。经历了看山是山和看山不是山两个阶段，开始分析比较综合思考，随着掌握的工具越来越多，人们不仅能够判断一家企业、一个项目，而且通过产业行业上下游对比分析，辅以宏观经济金融研究和周期发展理解，有了前瞻的能力，这时看山还是山是有了对企业未来发展的本质理解和预判，是能够看出斤两的客观估值。只有到这时才可以说是一个投资者已训练出了核心竞争力。

我国的信托投资公司的历史始于1979年，最初是由有“红色资本家”之称的荣毅仁先生创办的中国国际信托投资公司。当时的目的是吸引大批海外资金投资中国经济建设。后来又陆续由政府财政部门和大型国有银行相继设立各类信托投资公司，再由信托投资公司设立证券公司，由证券公司设立基金公司。这样，财富管理机构逐渐形成。

信托投资公司早年是为了吸引外资投资中国，后来发展为以房地产投资和政府基础设施投资建设为两大主要支柱业务。应该说在一定时期内，信托投资公司对支持经济发展和管理个人财富方面起到了一定的促进作用。但随着经济的周期波动和两大主营业务的盛衰变化，信托投资公司也经历了五次整顿，起起伏伏。这里的原因有三：一是我国的信托相关法律制度滞后，如物权法等财产法出台晚，遗产法、破产隔离法等相关法律税收不完善。二是信任制度缺失，信任环境有待完善。三是信托公司主业不明。特别是第五次信托投资公司整顿后，把信托投资公司中“投资”两字删掉，变成了信托公司，使其业务由投资为主变成了融资为主，直接与银行业务竞争，但却没有银行吸收大众储蓄存款功能，使其负债端与资产端不匹配，严重影响其业务发展。建议尽快恢复信托的投资功能，使其成为支持高科技创新发展的金融配套投资机构，成为风险投资、股权投资的主体金融机构，使信托投资公司真正回归主业，在支持经济转型发展中获得自身的发展。

一个成功的投资者，应该表现出非凡的鉴别能力和估值能力，十分熟悉所投资的行业并全神贯注地进行每一笔交易。所以在年轻的时候，最好投身于一个朝阳产业，通过工作实践清楚地了解这个行业的发展情况、盈利能力、资产的替换成本、行业的市场前景等，深耕其中从而培养自己的判断决策能力和思考方法。投资实业还必须基于长期的目标，把自己视为永久的所有者，这样才能总是想得远而全面，进而做出一项杰出的长期投资决策。投资高科技企业更是如此，你必须了解原创研发和技术发展的阶段，做好长期培育的思想准备。

企业是社会经济组织的重要组成。只有埋头苦干认认真真学习研究企业、行业、产业，采取自下而上的逻辑推理，分析、比较、判断，日积月累才能获得真知灼见！

投资时，需要的是思考得多，行动得少，而不是行动得多，思考得少。在能力范围内进行投资，或者擅长选择股票（行业）；或者对市场感知敏锐；或者能把握波段认清周期从而实现增值。总之，要提供超越市场的回报，短期也许需要一点运气，长期一定要靠实力。

股权投资的自我修养。第一要务是看懂企业；第二要务是学会估值；第三要务是明辨风险。看懂企业永远是第一位的，所以必须花很长时间，耐心地琢磨每一个企业、每一个项目。没有5～10年的工夫是出不了成果的。这方面我得益于长期在浙江银行工作，有机会接触各类民营企业，看着娃哈哈、万向集团、吉利控股、雅戈尔、阿里巴巴等企业一个个成长。投资没有什么捷径，都是多少年埋头苦干换来的。一分耕耘一分收获，投入才有产出，勤劳坚毅是最好的修行，热爱是最好的老师，而追求永无止境。

一般情况下，卖出股票只有三个理由。一是企业的基本面发生了本质变化，不再具有成长性、核心竞争力。二是估值严重高估，价格远远透支未来。三是有了更好的投资标的。

我们的投资组合中会考虑是不是能给表现好的股票配置多些资金，以期获得相对更高的收益。如果采取了这种集中投资策略，就要忍受短期内跑输市场的风险。即使有超众的智慧，也还要能够战胜从众心理。

价值投资就是这样，除了能选准好的标的，还要耐得住寂寞，经历痛苦的等待，寻找估值回归并能听懂市场的脚步声。当你认定绝对值的那一刻，立即动手毫不犹豫把它揽入。下重金买入后，又是一个漫长的等待，也许还要忍受继续下跌的煎熬……等待，等待吧！还有坚信，坚信你的判断！

对于从事投资和财富管理的人来说，耐得住寂寞，做难而正确的事，才能获得信任，建立属于自己的真正的“护城河”。绝不能为短期利益所诱惑。

容易走的路都是下坡路，要想向上别无选择。只有欲望与能力相匹配，心灵才能安宁，生活才能怡然。

我看人，从来不看人的缺点，只看优点，所以无论什么时候，与什么人交往，都能从中学到东西。这也许是这么多年来，我能不断进步的原因吧！

好的人生不用太着急！好的企业不用太刻意！财富来源于思想，更来源于行动！

# 跨越周期

虽然我们无法准确地预测未来，但了解行业的周期波动对投资行为的影响，可以帮助我们制定跨越周期的策略，并采取适当的行动，从而获得成功。

1999—2001年，信托行业经历了第五次整顿。这次整顿囊括信托定位、信证分离、规模经营和分类处置，并颁布了《中华人民共和国信托法》《信托投资公司管理办法》等。信托公司及业务的监管框架基本建立，为信托行业规范快速发展奠定了法律基础，从此信托行业迎来了快速发展的10年黄金期。

我是2003年初离开银行和资产管理公司进入信托公司的，正值信托经过第五次整顿进入快速良性发展阶段。直到2013年初离开信托公司，我在信托行业从业了整整10年。这10年也是信托行业发展最好的时期。

我们知道信托诞生于改革开放之初的1979年，当时为了引进外资促进国内经济发展而设立了中国国际信托投资公司。后来一些银行相继设立了信托部，主要为基础设施建设和引进大型国外先进设备提供投融资，后来独立出来成为信托投资公司。随着业务的不断发展，信托公司的资金问题显现出来，为解决发展瓶颈，信托公司也开展了多种途径的吸收资金（存款）和放贷业务，导致了后来大家所讲的影子银行问题，这些问题随着行业发展不断整顿，在不断清理整顿中再逐渐发展。这就是早期信托公司发展的情况，直至经历第五次整顿，信托的定位才逐渐清晰和明朗。

伴随信托业第五次整顿而来的是房地产制度改革，住房商品化、市场化，以及基础设施投融资体制改革，民营资本可以参与基础设施投资建设。信托业在两大产业——房地产和政府基础设施建设双轮驱动下，形成快速发展之势。

当时我所在的信托公司，从初始的千万业务量快速发展到几亿元、十几亿元、几十亿元；2007年、2008年，业务量已猛增到1000亿元规模，利润也达到10多亿元；2010年后交易超过2000亿元规模。记得当时我分管的华东地区六省一市业务量已达1000亿元，占到全公司业务量的近半数。再加上所谓通道业务，公司的业务规模达4000多亿元。记得当年与万科公司合作最高时就达200多亿元额度，从深圳的万科红树林直到北国冰城哈尔滨万科第一楼盘，都有我们信托公司的融资。除了房地产，就是政府基础设施建设融资和各种开发区建设融资，比如当年给内蒙古鄂尔多斯市的融资授信额度就达200多亿元，浙江湖州市三县两区总融资授信额度达100多亿元。

不仅信托业务快速发展，信托公司赚钱的速度也是飞快。当时房地产融资平均利率水平都在年化15%左右，按房地产公司分类，三级房地产公司融资利率甚至达到年化20%以上；政府基础设施建设融资成本也不低，平均也在年化10%左右，区县级政府还要更高些。当时感觉信托公司赚钱太容易了。

行业这样的“野蛮生长”是不可持续的，就如同经济十年10%左右的快速增长一样，也是不可持续的。到了2012年房地产行业发展已露出疲态；政府基础设施建设随着各级政府负债增高，财政收支吃紧。国务院出台了政府基础设施建设融资新规，对不同级别的政府平台公司给予相应的融资额度授信，并规定利率控制标准。这样一来政府的融资就从原来以信托公司为主的高利率融资转入政府平台公司在债务额度内的低成本发债融资，利率从年化10%降低到年化3%~5%。由于支撑信托行业发展的房地产和政府基础设施建设两大业务发生了质的变化，信托行业的高速发展也戛然而止。这也如同人的生长一样，人在七八岁到20岁这十几年，成长是最快的，过了这段青春期成长就慢了。经济和产业、行业的发展也是这样，到了2010年后，特别是党的十八大后，经济进入调整期，从高速发展向高质量发展转化，更加注重内生性增长，绿色低碳发展。产业和行业也必须适应这样的趋势要求，做出相应的变化。

金融业的发展也是如此。改革开放初期，所有实体经济只要生产加工出来就能销售出去，所以企业如同雨后春笋般生长出来，伴随着大量快速的融资需求，最先发展的就是能提供贷款融资的银行业。当时银行业一股独大，在整个金融行业中一直独占鳌头。后来房地产和基础设施建设的大发展，带来了能够灵活提供投融资服务的信托业的发展，之后又有保险业和证券业的发展。随着财富的积累和大批中产阶层的出现，人们对理财和财富管理的需求增加，资产和财富管理行业又发展起来；伴随科技创新和高新技术企业的发展，对权益类业务的需求越来越大，催生出风险投资、天使投资、股权投资等业务的发展，诞生出各种各样的资产管理公司、基金公司等。权益类投资的特点是风险高、期限长、退出难，因而必须有配套的金融服务机制，这又催生了资本市场的创新发展，从而诞生了科创板和注册制等。从国际经验来看，美国高科技企业的蓬勃发展离不开美国资本市场的支持。可以说没有纳斯达克，就不可能有硅谷，反之亦然。因此，未来中国经济的发展必须是两手抓——一方面是科技创新和高端制造业，也就是“十四五”规划和2035年远景目标提出的重点发展的几大领域；另一方面大力推进金融体制特别是资本市场改革发展，也就是说金融已经从间接融资为主向直接投资、权益类投资为主转变。

把握趋势、顺应时代，未来20年金融发展的主赛道在权益投资、股权投资领域，在高端制造、新能源、新材料、5G通信、生物医药、航空航天等行业。所以，从金融领域看，虽然银行资产仍然占据整个金融资产的一半以上，但未来银行业不是金融发展的主赛道。虽然间接融资必不可少，但已经不是金融发展的方向，所以银行业面临转型发展。因此，从投资角度来讲，从选择金融主赛道来讲，银行业就不是投资的侧重点和方向，重点在资本市场和资产管理领域。

信托业发展也是如此。从2012年以后，行业又面临一个调整期，大量的房地产融资业务伴随着房地产行业不景气和房地产企业危机而出现危机。2012—2022年，信托业在危机困境中转型发展，摸索前行，现在终于向资产和财富管理、权益投资、投行和资产证券化等业务迈进。

对于任何行业和企业来说，面对周期都是必须的，而跨越周期都是困难的，但又是必须跨越的，否则就会迎来衰退和死亡。但愿信托业能够走出周期兴衰，走上健康发展之路。

# 浅谈价值投资与中长期持有

伟大企业的标志包括有自己的核心竞争壁垒，并能在日复一日的经营中持续加强自己的核心竞争壁垒；有属于自己的生存边界，且很难被颠覆和攻破。这种壁垒和边界可能是业务模式、技术工艺、配方，甚至是管理、文化等，总之是独特的，很难被替代的。如可口可乐公司的配方及强大的营销能力、茅台的工艺流程与资源禀赋、苹果的颠覆式消费产品和强大的研发能力，微软无法替代的操作系统和持续迭代更新能力……

这就是人们讲的“能力圈”或“护城河”。企业具备了这样的能力圈，未来3~5年业绩增长就有了条件，长期利润增长就有了逻辑。我们也可以从企业股票的公式中来看价值投资、中长期持有的逻辑。

股价=每股收益（EPS）× 市盈率（PE）

首先，股价是可以用数学公式来表述的，说明它是有科学性的。影响股价的有两个因素，一是企业的利润，企业利润 ÷ 总股本=每股收益；二是市场价值，也就是市场在不同的时间节点给予企业的定价（即市盈率，PE）。

其次，价值投资为什么要坚持中长期持有？因为从长期角度来看，企业市盈率的波动是有限的，是可以躺平的，而优秀企业的盈利增长空间却要大得多。所以巴菲特在论述价值投资时才说：价值投资就像滚雪球，首先要找雪多雪厚的地方；然后就是赛道要足够宽足够长，才能滚得长远。

再次，从复利理论来看，价值投资长期持有的收益也是可观的、丰厚的，这可以用现金折现数学公式来反映。

$$投资收益（折现）=本金\times（1+收益率）^n$$

这里的$n$代表年限。从这个公式中可以看出，假定投资本金不变，投资收益是恒定的，那么时间越长，回报率越高，而且呈几何倍增长。这就是复利理论最伟大的发现。

最后，当你投资一家企业的股票，本质上就成了这家企业的股东。如果你对这家企业甚至行业进行长期的跟踪、研究和积累，你会逐渐成为这个领域的专家，从而形成对行业、产业的科学认知判断。投资者知识积累和认知能力的提升会形成科学正确的思维并终将变现为自己的财富。

给投资者建议：寻找有成长性的优质资产买入，忘记时间，持续跟踪研究，等待回报，获得财富自由。按10年一个周期规划，这也是一般经济周期时间，人生可以有5个10年投资期。假如从30岁开始投资，以20万元起步，买入3个企业，假定平均回报率为年化10%，第一个10年下来，回报大约在52万元。假如经过这10年，你收入增长又积累了30万元，那么从第二个10年开始，你的本金就是82万元，假定回报率还是平均年化10%，10年以后你的回报率应该是多少……这样5个10年，到你70～80岁时，你的人生不仅财富自由，而且迈入富裕阶层。在这个投资过程中，你获得的绝不仅仅是财富自由，还有快乐和幸福以及充盈的生活。

或许有很多人会质疑，怎么可能一直有年化10%的回报呢？其实年化10%回报并不高，完全可以达到，只是有很多人在达到这个回报时仍然贪心不足，等下跌后心理落差大，又忘不了前面曾赚过，坚守不卖，落得个被套牢，这是从市场角度讲；从企业成长性讲，上市公司中达到10%年增长的企业占比还是很大的，更何况那些创业中的优秀企业。当然虽然企业增长很高，但遇到所谓熊市，股价还是上不去。市场被严重低估，这种情况当然是有的，所以有些人会说，你的价值投资怎么能穿越熊市呢？因而就否定价值投资本身。其实不然，真正好的优势企业，即使熊市中估值很低，但由于业绩利润好，它还可以通过分红等手段回报投资者，使投资者获得应有的报酬。而一旦经济大势向好，市场反转，这些优秀企业更是率先反弹，股价持续上升，连创新高。

所以说，在熊市里，虽然好的优质企业股价也会下跌，甚至远远低于其价值应有的水平，但是只要企业本身增长不变，盈利水平和现金流仍然向好，公司持续经营向好，一时股价低迷并不影响企业本身。在这个时候，投资者必须心明眼亮，忍住价格下跌的煎熬和痛苦，不为浮“亏”遮望眼，坚定信心和判断，迎接黎明的曙光。

# 什么样的创始人才是投资人所需要的

作为一名专业的一级股权投融资市场的投资人，每时每刻面对的都是项目，研究和学习商业计划书（Bussiness Plan，BP）。每年不看几百个BP，都不好意思说自己是专业的。在这种情况下，如何快速筛选项目就是一项迫切需要解决的问题，通常需要考虑的是项目的历史沿革、主营业务、商业模式、行业上下游、财务报表、行业发展概况、行业格局、创始人及其团队、法律风险、项目发展阶段等，然后才能全面评估一个项目。但是所有这些方面并不具有同样的权重，特别是对不同阶段的项目而言。对于初始项目而言，创始人和团队可能具有更高的权重，这时候像无数投资大佬所说的那样，投资就是投人。那么具有什么样特性的创始人才是投资人最欣赏的呢？

## 一、梦想必不可少

对于梦想，很多人会说，那个人融资成功就是因为会吹，就是会讲故事，会忽悠。在我看来，会讲会说也并不一定就能成功，毕竟这世界上死掉的项目里面，创始人能说会道的也很多。但是梦想还是要的，愿景是必不可少的，创业之路漫长而艰辛，企业没有一个高远灯塔的引导会迷失在各种各样的坑里面。从投资角度来看，未来能够快速成长、取得持续成功而结出丰硕成果的融资项目，通常都需要一位既有梦想愿景，又能接地气地把项目落下去的创始人，尊重和遵循产业规律，敬畏产业周期，并为产品寻找落地场景。这样的企业随着时间的推移根系逐步发达，然后成长为行业中新的参天大树。

在我们投资的项目中，长光卫星的宣明就是这样一位既有梦想又能实干的创始人。公司自2014年创立以来，从无到有，快速发展。宣总在公司成立伊始就提出了“用空天地一体化遥感信息产品服务全球70亿人”的梦想。随着梦想的逐步落地，长光卫星一步一步成长为东北地区唯一的独角兽企业，即将登陆科创板。在裕智资本投资的二级市场公司中，神工股份的潘连胜董事长也是一位具有伟大梦想的企业家，在媒体对他的采访中，他给自己立了一个长远的目标：到2035年，争取让神工股份能够比肩世界一流硅片企业。

梦想是必要条件，而非充要条件，它是企业最终能长大的一个根基。从投资角度来看，很多公司生存是不成问题的，但是能否日积月累地持续壮大才是核心问题之一，而梦想就是它持续长大的核心驱动力。

对于上市公司来说，梦想、愿景也是相当重要的。裕智资本做过统计，在总市值超过4000亿元以上的20家A股上市公司中，只有4家没有明确地提出愿景，拥有愿景的公司达80%；而在总市值低于10亿元的上市公司中，这个数字降低到只有30%。

著名企业家兼投资人段永平指出，所谓企业文化讲的就是什么是对的事情（或者说哪些是不对的事情），以及如何把对的事情做对。但是他没有说，某家公司或个人如何判断什么是对的事情。对于某一件事而言，都是见仁见智。对于某家公司来说，它必须基于基准或目标才能判断什么是对的，而这个基准或目标就是梦想或愿景。能对准目标或梦想的事情，就是对的，可以做的，否则就是不对的。

要想投资成功，最好还是找那种有梦想的人，毕竟有梦想才有实现的可能。

## 二、要能脚踏实地使梦想落地

埃隆·马斯克2002年要做可回收、可重复利用火箭的时候，无数人都表示怀疑，认为不可能，航空业几十年来都是一次性发射，即用即抛，成本高昂。经过无数次火箭爆炸试验，SpaceX终于革新了航空业的格局，实现了火箭的回收和重复使用。

有梦想落地的能力是创始人必须具备的属性，但是梦想落地需要方方面面的条件，资金、团队、可行的措施、国家和地方政府的政策法规支持等，要把这些都落地才能让梦想起步。而刚刚创业的人可能各方面都没有，如何破局就是关键，这个时候就考验创始人认知的高度、决策的灵活性和个人的魅力。

2012年，潘连胜看到日本的材料企业纷纷关闭，他敏锐地意识到国内创业的机会到了，于是就开始在国内寻求机会。然而，当时国内的半导体投资市场不发达，投资人听到10亿元的投资额都望而却步，潘连胜好不容易才在辽宁锦州找到了千万级别资金。然后又在锦州偏远的地区找了一个破旧不堪的小厂房，吸引了一些国内和日本的技术人才，终于让他的梦想有了生根发芽的地方。

从一个收入丰厚、社会地位较高的外资高管转变到一个在偏远小厂房奋斗的创业者，这充分体现了一个受目标驱动的人的决策模式，也说明了灵活的思维方式，超强的说服力让投资人和团队都愿意追随他。

## 三、敬畏产业周期，懂得产业规律

每个产业都有它独特的运行模式，都有独特的产业链，上游、中游、下游各个环节都有它存在的价值，并依据各自创造价值的大小获得产业链中相应的地位。行业发展过程中各个环节的利润是不一样的，各个环节的经营理念和其中企业的运行模式也不一样。要想创业成功，对于产业的理解必须非常深入，甚至要慎选产业。

最典型的当属房地产行业，多少曾经的房地产首富，都已经成了过眼云烟。到如今，谁还想去投资房地产行业。因为属于房地产的时代过去了，从人人无房到人人有房，甚至多套房；从21世纪初全国大大小小无数的破旧平房到今天郊区都随处可见的高楼林立，房地产已然进入行业末期。这个时候要想在其中干出点名堂，比登天还难，回头看在房地产如日中天的2008年国际金融危机时期，房地产首富们可是各大媒体争相报道的对象。

每个产业都有它的运行规律，都有它的产业周期，短的周期一两年，长的周期十几年，必须要敬畏产业周期。正所谓时势造英雄。

我们投资的准独角兽企业、民营航天公司龙头零壹空间的创始人舒畅对于产业发展也深有体会。2015年他看到马斯克的SpaceX之后，感到国内的民营航天较为空白，意识到属于民营航天的时代要来了，毅然离开联想出来创业，创立了火箭公司零壹空间。然而国内航天并非美国的航天，当时不仅没有相关政策，而且民企能不能做航天也是个问题，更别谈赚钱了。经过两三年摸索前行，零壹空间终于探索了一条以固体火箭为抓手的发展之路。

## 四、让产品有使用场景，并不断迭代完善产品

段永平曾经说过，所有的高手都是“敢为天下后”的。他的意思是说，高手要对产业周期、产业规律、行业格局以及行业各家竞争对手等都有深入的理解，知己知彼，然后“做对的事情并把事情做对”，找到特定使用场景的产品，做与现有市场有差异化竞争的产品，满足目前尚未被满足的市场，这样才能胜出。

最著名的当属OPPO音乐手机，瞄准年轻人爱好听歌，以及他们所能付得起的价格，走出一条不同于苹果、三星、华为、小米等公司的路，在竞争激烈的手机市场占据了一席之地，也一度成为行业前三。这与段永平的投资经营哲学密不可分。

反例也有很多，2011—2012年，中国台湾智能手机厂商宏达国际电子股份有限公司（HTC）一度是美国市场最畅销的智能手机。但由于对自身产品的优势不了解，对市场的需求也没有更深的把握，HTC很快就没落了。在智能手机领域，消失的国内品牌也不计其数，如老牌功能机“手机中的战斗机”波导，创造“手机神话”的夏新，后来的天语、乐视、迪比特等。

能把产品做出来本就不易，而让产品有持续的使用场景，持续满足用户的需求，并不断地迭代产品、完善产品以迎合不断变化的客户需求，则对创始人和管理团队提出了更高的要求。梦想、使命感、执行力、行业认知等都不过是必要的要求，但依然无法保证成功。

## 五、结语

大家可能也听过“投资就是投人”这种著名而流行的话。伟大的投资者对公司的管理层、团队和看不见的公司文化都有极高的

要求，要做到这点是极其不容易的，对人和文化的研究不仅很难量化，还要求研究者本身的认知水准也要达到相当的水准才行。

在各大券商随处可见的投研报告里面，可以看到全面而深入的财务分析、业务分析、竞争对手分析，但是几乎很难看到对公司管理团队和文化的分析。这是因为别的分析都有数据资料可查，很适合刚毕业的和工作了几年的分析师，但对人性的理解则需要漫长的积累和自我提升，而这才是投资者的核心能力。

裕智资本一直致力于打造自己的核心投研能力，与伟大者同行，为社会和客户创造价值。

# · 后记 ·

Postscript

这本小册子展现的内容，是我多年工作学习生活的记录。有参加论坛峰会的演讲，也有访谈的交流实录，还有发表在报刊上的文章，更有投资的实践故事和切身感受。今天结集成册，是想有益于投资理财的个人、家庭、企业和政府，引发思考与分析、比较和借鉴。

投资理财，往小了说，是个人家庭生活的小事；往大了讲，亦是公司企业及政府单位的重要议题。人们对美好生活的追求永无止境，而美好生活的实现必须有一定的物质基础。投资理财，目的是实现财富的保值增值，在通货膨胀成为经济社会生活常态的情况下，不使自己的财富缩水，保持购买力，满足正常的消费水平，成了关键。很多人为此而忧心，不投资理财肯定不行，投资理财又担心遭受损失。

其实投资理财也不是一件很难的事，它除了要求具备一定的经济金融理财知识，选择好投资理财机构或理财师外，还应该知道一些基本原则。根据我30多年的投融资与财富管理工作的实践经验，投资者应确立以下几方面常识框架。

一是顺应和把握趋势。中国经济的发展是在改革开放的大背景下进行的，有明显的阶段性、趋势性。改革开放之初，从农村家庭联产承包责任制开始，到乡（村）镇企业发展和城市中小企业承包责任制，在这个时代，如果你有胆量、有想法并不怕失败，你可能就是今天的鲁冠球、宗庆后、曹德旺。紧随其后是两次国有企业改革和1992年南方谈话，这之后大批知识分子下海创业，代表企业如海尔、联想、格力、华为等。第一次国企改革的同时提出发展外向型经济的“三来一补”。大批出口型纺织和轻工企业发展起来。20世纪90年代初，我国信息产业在国际大背景下迅速起步，以阿里巴巴、腾讯为代表的互联网经济开创了新的经济发展模式。到1998年国家实行住房制度改革，开启了房地产及相关产业20多年的高光时刻。2001年中国加入世界贸易组织。入世后中国融入了国际经济的大循环中，创造了大量出口贸易，实现了外汇财富积累。进入新时代，中国经济开始转型发展，由高速增长型向环境友好型和高质量发展转变，向高科技、高端制造迈进，并伴随配套的金融体制改革。

在这眼花缭乱的经济发展过程中，每个时期、每个阶段都有不同重点，都有不同行业的引领。如果你抓住了机会并参与其中，就能创造并积累大量的财富。这也就是俗称的“站在风口上，连猪都能飞起来”。所以，把握趋势，顺势而为是非常重要的。

二是能看懂企业。投资是做企业的股东，是与企业“结婚”，要有长期陪伴企业的心理准备。因此在投资之前，在“谈恋爱”时，就要慎重，要会看会谈，有一定的行业知识，能看懂财务报表等。投资一家公司首要是看它的管理人是否诚实，因为你无法和品德不好的人做生意；其次是看他是否聪明睿智，因为平庸的人很难创造出杰出业绩；最后要看他是否渴望成功，一个没有野心和理想、不能持之以恒的人是不值得去追随的。总之，人是第一因素，首先看人。因此，好的投资者必须要有一双慧眼。第二才看生意本身、盈利模式、产品和服务，等等。

三是遵循价值投资理念。遵循本杰明·格雷厄姆的价值投资理论，学习股神巴菲特的价值投资经验。价值投资关键是把握趋势，选好个股和企业，合理估值，择时而投，中长期持有。这也就是人们常说的“择股择时”。

四是跟踪被投企业，发现其变动，以变应变，动态纠错。为投资标的赋能，促进其不断发展，实现自我价值。

五是忍耐、等待、收获。市场是不确定的，也是变化的，被投企业有时会被市场严重低估，有时特殊情况或不可抗力会对企业经营造成影响。作为投资者，对这些不确定性和影响要容忍，出现价值背离时要等待，只要企业本身没出现根本变化，核心价值犹存，就不要怕。当然有时也要采取适当的措施加以应对，但忍耐和等待是必须的，没有不经历风雨的收获。投资还要设定好预期，在达到自己的预期时，就不要恋战，尽快获利退出。

投资理财，还要根据自己的实际情况，量力而行，尽力而为。配置好资产，保有必要的现金流。规划好自己和家庭或企业未来的生产生活，考虑子女教育、养老、事业发展，在动产、不动产、债券、股票、保险、贵金属、古董字画、海外资产、现金等配置上，综合平衡，灵活切换，游刃有余。赚符合逻辑的钱，科学赚钱，智慧赚钱，快乐赚钱，在事业发展中实现财富积累！

2022年注定是一个不平凡的年份，乌克兰危机至今还在持续，彻底改变了世界格局。新冠肺炎疫情自2020年延续至今，影响了人们正常的生产生活。为了抵抗新冠肺炎疫情给经济带来的严重影响，世界各国大量投放资金，超发货币，一时通货膨胀严重。美国联合盟国加紧对俄罗斯实施经济金融封锁和制裁，对中国高科技企业的封锁和对高端技术产品输出的限制更加严厉。与此同时，气象等自然灾害频发，春天个别地方的旱情和涝情，夏秋的持续高温，长江流域很多地方河流湖泊断流干涸，人们生产生活用水紧张，夏粮生长受到严重影响。商业反映了生物学的基本原理——应对变化，适者生存。达尔文曾说过，能够生存下来的，既不是最强壮的，也不是最聪明的，而是最能够适应变化的物种。

2022年，也是我的本命年，一晃已过了60个春秋。这本小册子也算是我这一甲子的纪念吧！

出版这本小册子，首先要感谢国研文化传媒集团的张诗雨总裁，他为我推荐了称意的出版社。同时也要感谢为出版这本小册子进行选篇、打字、排版、修校等工作的我的同事欧阳永艳、王芳、孙镇、欧阳小雪、徐开杰。

由于本人的经历及思考能力水平限制，书中难免有不足之处，敬请专家斧正，同行指点，读者批评。

以此作记。